서동주의
합격 공부법

영어 한마디 못하던
열세 살 소녀는 어떻게
미국 변호사가 되었을까

서동주의
합격 공부법

서동주 지음

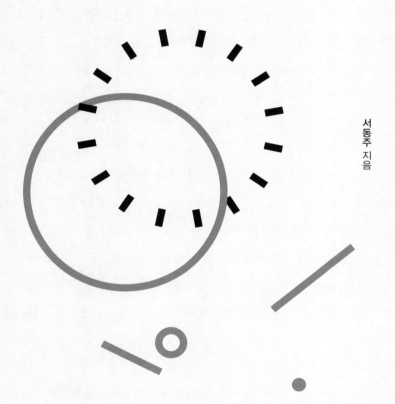

포레스트북스

진료실에 있으면 공부와 멘탈 관리는 불가분의 관계임을 자주 느끼게 된다. 내가 깨달은 단 하나의 사실은, 공부를 하고 멘탈 관리를 하는 데 있어 거창한 방법은 없으며, 그저 자기만의 최선책을 찾아내어 꾸준히 실천함이 왕도라는 것뿐이다. 이 책은 그 길을 걸었던 사람의 세세하고 친절한 기록이다.

-김지용
『어쩌다 정신과 의사』 저자, 유튜브 〈뇌부자들〉 채널 운영

나는 이 책을 통해 모든 공부에 통하는 단 하나의 법칙을 다시금 느꼈다. 시험을 준비하는 사람에게 책 한 권을 추천하라고 한다면, 단연코 『서동주의 합격 공부법』을 고를 것이다. 수능, 각종 고시 등 대한민국에서 모든 종류의 시험을 준비하는 사람에게 통하는 정통 공부의 본질과 비결을 담고 있다.

-조승우
『압축 공부』 『공부 마스터 플랜』 저자

누구나 알지만,
누구나 하지 못하는 노력

'합격하는 공부'란 무엇일까. 그 질문에 답하기 위해 이 책이 만들어졌다. 나에게 '합격하는 공부'란 최소한의 시간 동안 최대한의 능력치를 발휘해 목표로 한 시험을 통과하는 것을 뜻한다.

나는 수년간 수백 번, 아니 수천 번의 시험을 보았고 그 모든 시험을 우수한 성적으로 패스했다. 시험은 다양한 과목을 테스트하는 과정이었으며 분야도 각양각색이었다. 피아노, 미술, 수학, 마케팅, 법 등 경계를 넘나들며 각종 시험을 10대 시절부터 30대가 되어서까지 대비하고 치르는 동안 나만의 공부법과 멘탈 관리 노하우가 쌓였다.

그래서 두뇌가 남들보다 명석한 편도 아니고, 집중력이 뛰어난 편도 아닌 내가 좋은 성적을 받을 수 있었던 이유와 방법을 이 책을 통해 독자 여러분과 나누고자 한다. 나 같은 사람도 공부를 잘할 수 있다면, 이 책을 읽고 있는 당신도 충분히 잘할 수 있다고 굳게 믿는다.

실제로 나는 알려진 것과는 많이 다르게 집중력이 굉장히 낮은 학생이었고 지금도 마찬가지다. 의자에 앉아서 오랜 시간 공부하는 일은 늘 고문 아닌 고문이었다. 글은 한두 줄만 읽어도 바로 딴생각이 떠올랐고, 문제는 한두 개만 풀고서 갑자기 책상 정리를 시작하는 등 산만한 사람의 특성은 전부 지니고 있었다. 그런 나도 억지로라도 엉덩이를 붙이고 앉아서 공부를 하다 보니 나름의 요령이 생겼고, 이를 통해 남들과 비슷하게, 아니 남들보다 더 좋은 성적을 얻게 된 것이다.

가장 가까운 사람인 친동생도 내가 공부하는 모습을 보고 신기해하며 "누난 천잰가 보다"라고 오해할 정도로, 나는 타인이 보기에 정석으로 공부하는 타입은 아니다. 오히려 한 가지 일에 집중하지 못하는 사람에 가까워 보인다. 허리 통증이 있어서 대부분의 수험생과 다르게 주로 누워서 교과서나 문제집을 보고, 공부 외에 하는 일도 많아서 항시 바쁘기 때문이다. 하지만 나는 부족한 시간이나 짧은 집중력을 탓하기보다 있는 상황을 적극 활용하는 편이 현명하다고 생각했다.

그렇게 20년이 넘게, 적성에 맞지도 않는 공부라는 '짓'을 그저 꾸준히 하다 보니 좋은 성적으로 좋은 학교들을 졸업할 수 있었고 좋은 직장(들)도 다니게 됐다. 누군가는 "넌 똑똑해서, 머리가 좋아서 좋겠다"라고 쉽게 이야기하지만 나는 내가 머리가 좋고 똑똑해서 공부를 잘한 것이 아니라는 사실을 누구보다 잘 알고 있다.

결국 공부를 잘하는 사람들의 공통점은 '집요함'에 있다. 집요함으로 노력하고 끝장을 볼 때 공부는 '좋은 성적'이라는 선물을 선사한다. 나는 어릴 때부터 지금까지 공부가 잘되는 날에도, 안 되는 날에도, 딴짓이라는 바다 속에서 허우적대면서도 바닥에 엉덩이를 붙이고 앉거나 누워서 공부라는 놈과 정면승부를 해왔다. 집중력이 흐트러져도 결코 자리를 뜨지 않았다. 정 공부하다 딴짓이 하고 싶을 때는 잠시 게임을 하거나 TV를 보기도 했지만 무조건 다시 책상으로 돌아왔다. 이 책을 집필하는 중에도 얼마나 많은 양의 딴짓을 했는지 모른다.

믿기지 않을지도 모르지만, 생산적인 공부(혹은 일)와 생산적이지 못한 딴짓의 사이를 수없이 오가는 와중에도 결국 지식은 하나둘씩 쌓이게 되어 있다. 그렇기에 극한의 스트레스 속에서도 의자에 앉아서 괴로움을 견뎌내고 있는 중이라면, 분명 당신은 배움이 주는 기쁨과 성취감을 느끼게 될 것이다.

그런 공부에 대한 마인드를 설명한 이 책은 비단 수험생뿐만이 아니라 수험생을 둔 가족, 진로 변경이나 승진을 준비하는 직장인, 더 나아가 자기 계발과 발전을 위해 노력하는 모든 이에게 도움이 될 것이라고 확신한다.

우리 마음대로 되는 일은 세상에 단 하나도 없다지만 그중 단하나, 공부만큼은 각자가 바친 노력과 시간에 정비례하는 결과를 가져다준다. 세상에서 유일하게 정직한 결과를 가져다주는 공부라는 행위를 통해 당신이 이루고자 하는 꿈과 목표에 한 걸음 더가까이 다가설 수 있게 되기를 바란다. 그리고 그 곁에 나와 이 책이 함께 한다면 참 좋겠다.

목표가 무엇이든 노력하는 과정은 죽을 만큼 힘들지만 그래도 언젠가 끝은 난다. 그러니까 오늘 할 일과 공부를 내일로 미루는 대신에 없는 기운, 있는 기운 다 끌어모아서 딱 한 걸음만 더내딛어보길 바란다.

지금까지 열심히 노력해 온 당신을
열렬히 응원하며, 그리고 앞을 향해 걸어가는
당신에게 힘이 되어주고픈 진심을 담아,

저자 **서동주**

CONTENTS

1장 | 전반전 | 1등의 멘탈 트레이닝

2장 | 중반전 | 합격으로 가는 공부 스킬

3장 | 후반전 | 끝날 때까지 끝난 것이 아니다 ──

1장

| 전반전 |

1등의 멘탈 트레이닝

시도해보지 않고는

누구도 자신이

얼마만큼 해낼 수 있는지 알지 못한다.

— 푸블릴리우스 시루스Publilius Syrus

나는
10분짜리 집중력이다

나는 살면서 나처럼 집중력이 낮은 사람을 거의 본 적이 없다. 그래서 집중해야 할 일이 코앞에 닥치면 두려운 마음부터 생긴다.

'어떻게 집중을 하지? 내가 이걸 해낼 수 있을까?'라는 끝도 없는 의심이 들어 미처 시작도 하기 전에 머릿속이 복잡해진다. 이 책을 쓰는 지금도 집중력이 떨어져서 한 줄 쓰고 딴생각하고, 또 한 줄 쓰고 딴짓하느라 정신이 없는 데다 마음까지 괴롭다. 아주 어렸을 때는 이 정도는 아니었던 것 같은데, 나이가 들면서 점점 더 집중력이 현저히 떨어지는 것 같은 기분이 든다. 어느 정도로 심각한 상황인가 하면, 요새 나는 10분 이상 집중을 할 수가 없다. 책을 편 지 10분만 지나도 다른 생각이 스멀스멀 올라온다.

심지어 변호사 시험을 준비할 때는 주의력결핍 과잉행동 장애ADHD 환자들이 먹는 집중력을 높여주는 약을 처방받아야 하나, 하고 엄청난 고민에 빠진 적도 있다. 하지만 내 판단에 아직 그렇게 심각한 상황이 아닌 것 같고, 일단 약의 도움을 받기 시작하면 끝이 없을 것만 같아 그 선택은 차마 하지 못했다.

집중력이 없는 사람이 공부하는 과정은 처절하기 짝이 없다. 보통 사람이 집중하면 한 시간 안에 끝낼 일도 두세 배의 시간을 들여야 하기 때문에 체력도 같이 고갈된다. 이 상황을 어떻게 해결해야 할지 굉장히 긴 고민의 시간을 거쳐 내린 결론은, '어차피 나는 집중력이 낮은 사람이고 내일도 그대로일 테니 있는 그대로의 능력치, 즉 집중력이 부족한 상태 그대로 공부하자'였다.

그렇게 결정하고 난 뒤 나의 공부 루틴은 '10분 공부하고 10분 쉬는 일'이 되었다. 변호사 시험을 준비하던 당시 짬이 날 때마다 '캔디 크러시'와 비슷한 모바일 퍼즐 게임을 즐겼는데, 이는 금방 끝낼 수 있는 간단한 게임이라 머리를 잠깐 식히기에 안성맞춤이었다. 객관식 문제 하나를 풀고 게임 한 판을 하고, 다시 문제를 풀고 게임을 하는 식으로 공부를 꾸역꾸역 해나갔다.

서동주의 합격 공부법

게임이 지겨우면 유튜브에 올라온 짧은 동영상을 보기도 했다. 덕분에 나는 변호사 시험을 준비하는 동안 수천 판의 게임을 하고 수천 개의 영상을 봤다. 그래도 집중이 되지 않을 땐 넷플릭스를 틀어놓고 공부했다. 대신 화면에만 집중하지 않도록 텔레비전을 내 오른편에 두고 소리만 들으며 문제를 풀었다. 그러다 집중력이 떨어지면 고개를 살짝 돌려 드라마나 영화를 봤다. 그나마 양심은 있어서 주로 「살인자 만들기Making a Murderer」와 같은 범죄물이나 법 관련 다큐멘터리 시리즈를 보긴 했다. 만약 누군가 날 한심하게 본다면 어차피 형법 과목을 공부해야 하니 도움이 된다고 우기기도 좋았다. 사실 솔직히 말하자면 '10분 공부, 10분 딴짓'이 말 그대로 10분씩 지켜진 건 아니다. 공부나 휴식이 각각 3분일 때도 있었고 15분일 때도 있었다.

하지만 중요한 건 나는 늘 딴짓하는 시간이 지나면 다시 공부를 했다. 집중력이 떨어져서 게임을 하든, 동영상을 보든 간에 겨우 잠깐 딴짓을 한 것으로 그날 하루를 '공부가 안되는 날'로 규정한다거나 '공부를 망친 날'로 간주하지 않았다. 어차피 나의 타고난 특성은 내일도 마찬가지일 것이다. 내일도, 모레도 여전히 '집중력이 없는 나'일 텐데 학습이 잘 안된다는 핑계로 공부를 멈출 수는 없지 않은가?

놀랍게도 딴짓을 하는 시간까지 공부 루틴에 포함하자 조금씩 변화가 생기기 시작했다. 10분 공부, 10분 딴짓의 사이클을 무한 반복하게 되더라도 당일 목표한 양의 공부만큼은 다 해내기 시작한 것이다.

황당한 이야기일 수도 있지만 당장 이 문제 하나만 풀면 딴짓할 시간이 주어진다는 사실이 동기부여가 되기도 했다. '이것만 풀고 얼른 동영상 하나 봐야지' 하며 신나게 공부할 수 있었다. 그리고 딴짓이 오늘을 망치는 일이 되지 않는다고 생각하자 마음의 부담도 훨씬 가벼워졌다.

공부를 할 때 적당한 부담감은 약이 되지만 심한 부담감은 독이 된다. 멘탈 관리가 중요하다는 것도 그래서 나온 말이다. 내가 마음먹기에 따라 계획한 공부를 제때 끝내느냐 끝내지 못하느냐가 달려 있다. 게으르고 집중력이 떨어지는 사람도 멘탈만 제대로 훈련하면 본인 스스로도 믿기지 않을 정도의 결과를 낼 수 있다.

나는 내가 집중력이 없다는 사실을 아주 잘 알기 때문에 딴짓을 포함한 루틴을 지켜보기로 결심한 것이다. 만약 이 글을 읽는 당신도 집중력이 떨어지고 긴 시간 동안 한 가지 일에 집중하는 데 약한 편이라면, 내 방법 또는 본인만의 방법을 통해 오래 앉아 공부하는 일에 익숙해지도록 노력해보라. 타고나길 집중력이 뛰어나서 별 노력 없이도 열 시간이고 열다섯 시간이고 공부하는 사람들만큼은 아니더라도, 시험을 웬만큼 잘 볼 수 있을 정도의 준비는 마칠 수 있을 것이다.

결국 주어진 능력치 안에서 내가 할 수 있는 일을 하는 것이 바로 공부의 첫걸음이다.

집중이 안될 때는
산책 한 바퀴 하라고?

아마 경험이 있는 사람은 잘 알겠지만 이놈의 공부도 별 이유 없이 잘되는 날이 있고 잘되지 않는 날이 따로 있다.

다른 날보다 집중력이 현저히 떨어지고 공부가 안되는 날은 아무리 노력해도 진도가 나가지 않는다. 공부가 정 안되면 그날 만큼은 차라리 그냥 푹 쉬어서 휴식이라도 제대로 취하라는 의견도 있지만 나는 여기에 동의하지 않는다. 왜냐하면 시험을 쳐야 하는 중요한 날, 운이 좋다면 마침 집중이 잘되는 날이 걸릴 수도 있지만 사실 컨디션 난조로 인해 집중이 안되는 날이 걸릴 확률이 훨씬 높기 때문이다.

그래서 나는 공부가 안되는 날을 '어떻게' 보내느냐가 승패의 관건이라고 생각한다. 게다가 공부가 생각처럼 잘되지 않는다고 해서 주저앉으면 아무것도 얻을 수 없다. 그저 몸만 편할 뿐 마음이 개운하지도 않을 것이다. 목표한 것을 제대로 해내지 못했을 때 기분이 상쾌하진 않는 법이다.

오늘 집중이 안된다고 해서 쉬면 내일은 공부가 하고 싶을까? 아마 더 하기 싫을 것이다. 수십 년간 겪은 결과, 나의 경우 집중이 잘되지 않는 날의 패턴은 다음과 같았다. 아마 대부분 비슷할 것이다.

⇨ 외워야 할 한 문단을 읽는다.

⇨ 집중이 안되어 머릿속에 들어오지 않는다.

⇨ 휴대폰으로 유튜브 영상 하나를 본다.

⇨ 문득 스스로가 한심해져서 휴대폰을 뒤집어 놓고 똑같은 문단을 한 번 더 읽는다.

⇨ 여전히 집중이 되지 않는다. 유혹을 이기지 못하고 휴대폰을 다시 본다.

⇨ 친구에게서 문자가 와 있다. 친구랑 5분 정도 대화를 하다가 정신을 차린다.

⇨ 다시 책을 보고 다음 문단을 읽어본다.

⇨ 그래도 머릿속에 내용이 들어오지 않는다.

⇨ 다시 유튜브 영상 하나를 본다.

⇨ … (무한 반복)

사실 이쯤 되면 보통 자리에서 일어나 스트레칭이라도 하면서 재정비를 한 뒤 돌아오는 게 낫지 않을까 하는 생각이 들 것이다. 그렇지만 나는 이런 때일수록 절대 일어나지 않고 엉덩이를 붙이고 앉아 (나의 경우에는 주로 엎드려 누워서 공부하니 배를 붙이고 누운 채로) 억지로라도 공부할 것을 권한다.

집중이 되지 않아서 문제 하나를 풀고 게임 한 판을 하거나 유튜브 영상 보는 일을 50번, 100번 반복하는 한이 있어도 절대 일어나지 않는 것이 중요하다. 심지어 하루의 80퍼센트 이상을 딴짓으로 보내고 남은 20퍼센트 정도만 제대로 집중했다고 해도 괜찮다. 전혀 집중이 되지 않는 최악의 상황에서도 어쨌거나 공부를 해냈다는 사실을 긍정적으로 봐야 한다.

예를 들어 나는 직장에 나가지 않는 주말에는 하루에 최소 열두 시간 이상을 공부했다. 이때 열두 시간은 순수 공부 시간이 아닌 딴짓을 한 시간도 포함된다. 공부할 내용이 눈에 들어오지 않아도, 밥을 먹거나 화장실 가는 시간을 제외하고는 일단 의자에 엉덩이를 붙이고 (바닥에 배를 붙이고) 앉아 있었다. 공부가 안되는 날마다 이렇게 스스로를 절벽 끝까지 밀어붙이는 이유는 단 하나, 뇌를 트레이닝시키기 위해서다. 뇌도 근육과 같아서 꾸준한 훈련을 통해 바꿀 수 있으며, 더불어 이 과정을 통해 엉덩이를 붙이고 앉아 있는 습관도 들이게 된다.

실제로 내가 변호사 시험을 봤던 날도 정말 끔찍할 정도로 집중이 되지 않는 날이었다. 뒤에 나올 내용에서 자세히 설명하겠지만, 집중력이 흐트러지고 멘탈이 너덜너덜해진 상황 속에서 그나마 버틸 수 있었던 이유는, 평소 집중이 되든 안되든 어떤 핑계나 이유를 찾지 않고 그저 앉아서 공부하는 훈련을 꾸준히 했기 때문이라고 생각한다.

착한 사람은
절대 공부 못한다

공부는 절대 혼자 하는 것이 아니다. 주변의 많은 도움이 필요하고 그중에서도 가족의 협조가 가장 중요하다.

사람의 성격에 따라 다르겠지만 개인적으로는 가족이 공부에 대해 아무런 말도 하지 않고 그저 지켜봐주는 편이 가장 도움이 됐다. 참고로 나는 청개구리 스타일이라 누가 시키면 안 하고, 가만히 놔둬야 알아서 하는 성격이다.

나는 초등학교 때도 공부든 숙제든 혼자 알아서 하는 편이었다. 공부를 하다 보면 나도 모르게 내용에 푹 빠져서 선생님이 정해준 분량을 한참 넘어선 부분까지 미리 읽어버리곤 했다. 나름대로 공부를 알아서 하는 편이었지만, 혹시라도 엄마가 방문을 열고 들어와서 "숙제 안 하니?"라고 한마디만 하면 갑자기 의욕이 뚝 떨어져서 책을 탁 하고 소리나게 덮어버리기 일쑤였다. 실제로 나의 성격을 보여주겠다는 일념하에 일부러 엄마가 있을 때 반항하듯 책을 덮은 적도 있다.

이 책을 읽는 수험생 혹은 시험을 준비하는 가족 중에도 청개구리 타입이 있을 텐데, 나와 비슷한 성향이라면 최소한 시험 기간만큼은 가까운 가족의 '무관심'이 가장 쓸모 있는 태도일 것이라고 확신한다.

자녀를 망치는
부모의 행동

공부하는 자녀를 둔 부모님의 역할이 참 중요한데, 그들이 가장 피해야 하는 말이 있다면 그건 바로 '비교'다. 옆집 누구는 알아서 잘한다는데 너는 왜 그러냐, 혹은 교회 자매·형제님의 자녀 누구는 이번에 성적이 올랐다는데 넌 왜 그 모양이냐 등 이런 종류의 말은 한국에서 태어나고 자란 사람이라면 대부분 적어도 한 번은 들어봤을 것이다.

하지만 그런 말을 듣는 사춘기 학생들의 마음속엔 반항심이 생기지 않으려야 않을 수가 없다. 솔직히 말해서 그런 말을 쉽게 내뱉는 부모님도 정작 학창시절에 공부를 그다지 잘하지 못했을 경우가 많을 것이고, 심지어 스스로 하지도 않아 혼난 경험도 있을 것이다. 본인도 하지 못했던 일을 자식이 알아서 척척 해내길 바라는 것이 어떻게 당연할 수 있을까?

부모님이 자녀를 다그치기 전에 명심해야 할 사실이 있다. 본인들 세대보다 요즘 학생들 간의 경쟁은 더욱 치열하다는 점이다. 몇십 년 전보다 열 배, 스무 배 이상 힘든 것이 지금의 청소년이다. 그리고 옆집 아이, 같은 교회 다니는 아이와 본인의 자녀를 비교하지 말자. 그들 부모님 중에는 자녀를 위한 금전적·정신적 지지를 본인보다 몇 배로 더 잘해주는 경우도 있다. 자녀를 다른 집 아이와 비교하기 전에 부모님 자신부터 다른 집 부모님과 스스로 비교해보는 것이 우선이라고 생각한다.

알아서 해보겠다고 말하는 자녀에게 공격적으로 대응하는 것도 금물이다. 부모님이 "공부 좀 해라!"라고 말하면 자녀들은 보통 "내가 알아서 할게!" 하며 대답한다. 그러면 "네가 알아서 하는 게 뭐가 있는데? 방 청소 하나 제대로 한 적이 있어, 아니면 아침에 알아서 제시간에 일어난 적이 있어?"라는 식의 공격을 하기 십상이다. 알아서 하겠다는 자녀에게 이런 반응을 보이는 부모님의 머릿속에는 '나는 자식에게 필요한 것을 제일 잘 알고 있고, 아이는 나 없이 아무것도 못한다'라는 생각이 내재된 경우가 많다.

하지만 자녀는 다르다. 스스로 자신의 능력을 인정할 수 있을 때, 그리고 부모님이 자신을 진심으로 믿어줄 때 공부도 잘할 수 있다고 생각한다. 특히 공부를 제대로 한번 해보겠다고 의지를 불태우고 있는 자녀의 경우, 섣불리 이래라저래라 하는 것보다 그들이 혼자서 해낼 수 있도록 묵묵히 지켜보는 편이 좋다.

오늘부터라도 쓸데없는 비교나 잔소리는 좀 자제하고 자녀를 믿어보자. 게다가 공부할 의지가 전혀 없는 아이는 어차피 아무리 혼을 내도 꿈쩍하지 않을 테니 잔소리하는 일에 많은 시간과 노력을 허비할 필요는 더더욱 없을 것이다.

공부할 땐
이기적으로 연애해라

큰 시험이나 취업을 준비할 때 연애를 해도 되냐는 질문을 종종 받곤 하는데, 여기에 대한 조언을 주고 싶다.

나는 사랑을 할 때 얻을 수 있는 특유의 에너지를 좋아해서 시험 준비 중이라고 하여 연애를 일부러 하지 않았던 적은 없다. 대신 준비하는 시험에 모든 열정을 다 쏟고 싶을 땐, 상대방에게 그 기간만큼은 내가 중심이 되는 연애를 해줄 수 있냐고 정중하게 부탁했다.

　내가 중심이 되는 연애란 내가 시간이 될 때 만나고, 만나서도 내가 공부를 해야 하면 상대방도 공부 혹은 일할 거리를 가져와서 카페 등에서 각자의 일을 하는 것을 뜻한다. 한마디로 남자친구 또는 여자친구에게 공부하는 동안 조력자가 되어줄 수 있는지 이해를 구하는 것이다. 연애도 중요하지만 커리어가 제대로 자리잡지 못하는 상황이 이어진다면 결국 사랑도 안정적이지 못할 확률이 높아지기 때문에 일단 시험을 우선순위에 두었다. 물론 시험이 끝나면 상대방이 나를 위해 희생한 만큼 나도 희생하고 그에게 감사하는 마음으로 연애를 이어가야 하겠지만 말이다.

　이처럼 공부하는 동안에는 스스로 약간의 이기심을 장착하고, 부모, 친구, 애인 등의 주변 사람이 모두 나의 조력자가 되어야 가뜩이나 힘든 과정을 그나마 안정적으로 이겨나갈 수 있다. 그러므로 만약 중요한 시험이나 면접을 앞두고 있다면 일단 시작하기 전에 주변 사람과 본인의 상황에 대해서 터놓고 진지하게 대화를 나눠보길 바란다. 다소 이기적으로 보일 수도 있지만 가까운 이들이라면 분명 내가 잘되길 바랄 것이다. 대화를 통해 앞으로 1년 또는 몇 개월간 어떤 식의 스케줄을 소화할 것이며, 그에 따라 본인이 바라는 그들의 모습이 어떠한지에 대한 깊은 이야기를 나눠보면 좋겠다.

　내가 타인의 도움을 재차 강조하는 이유는, 실제로 필요하기도 하지만 공부를 제대로 하려면 그만큼 할 수 있는 모든 노력을 다해야 한다는 사실을 알려주고 싶어서다. 이 모습이 유난스러워 보인다고 생각하지 않길 바란다. 원하는 결과를 얻기란 결코 쉽지 않다.

스터디 그룹마다
빌런이 숨어 있다

공부를 할 때 가장 힘든 부분 중 하나가 '멘탈 관리'라는 것은 우리 모두 이미 잘 알고 있다.

멘탈 관리에 가장 큰 방해가 되는 것은 다름 아닌 같은 목표를 가지고 있는 주변 동기들이다. 고3 땐 고3 수험생이, 고시생 땐 고시생이, 취준생일 땐 취준생이 얼마나 견디기 힘든 스트레스의 주범인지 아마 겪어본 사람은 잘 알 것이다.

대화의 주제가 시험 및 취업 준비에 국한되다 보니 동기들을 만나기만 하면 서로 요즘 스트레스가 심하다는 둥, 아니면 공부하기 싫다는 식의 이야기를 시작으로 끝없는 불평과 걱정이 이어진다. 사실 그 정도면 그나마 견딜 만하지만, 만약 자칭 정보통 같은 친구가 있기라도 하면 스트레스의 차원이 달라진다.

"1등 하는 ○○은 △△ 학원에 다닌다더라!"
"시험 자료(족보)는 적중률이 높은 ◇◇ 학원 것으로 써야 한대."
"걔가 그러는데 이 문제집은 무조건 사야 한다 하더라고."

일명 '스터디 빌런', 게다가 그런 친구는 정작 공부를 잘하지도 않는다. 물론 다 그런 것은 아니지만 주로 정보를 여기저기에 나르기 바쁜 유형이다. 다만 소식을 접한 당사자의 마음은 한없이 흔들리기 시작한다. 밑도 끝도 없는 출처도 확실하지 않은 정보가 한번 귀에 쏟아지면 괜히 그런 방식으로 공부를 해야 할 것만 같고, 이른바 유명하다는 족보를 보지 않으면 남보다 뒤처질 것 같아 마음이 조마조마해진다.

나도 예전에는 그런 불안감 때문에 일부러라도 스터디 그룹에 껴서 같은 학년 친구들과 함께 공부했다. 그런데 모이면 한 시간짜리 잡담부터 나누었고, 그다음엔 간식을 먹기 위해서 30분, 그러다 화장실 가는 시간 10분 등 몇 시간이 그냥 흘러가는 것을 지켜봐야만 했다. 다시 마음을 다잡고 30분 정도 공부하다 보면 어느새 집에 돌아가야 할 시간이 됐다. 만약 내가 정말 아무것도 모르는 상황이었다면 친구들에게 모르는 부분을 물어볼 수 있으니 도움을 얻을 수도 있겠지만, 어설픈 수준의 지식을 갖고 있던 상태였기에 도움을 주기도, 받기도 애매했다. 그러다 보니 소중한 시간을 허비했다는 생각에 스터디가 끝나면 오히려 마음만 더 불안했다.

게다가 그룹에 유난히 똑똑하거나 아는 것이 많은 친구가 있으면 그 아이가 공부하는 것만 봐도 스트레스가 가중됐다. 나와 그 친구가 각각 가진 지식의 부피 차이가 너무 컸기에 나는 언제쯤 저만큼의 결과를 얻을 수 있을지 차마 가늠도 되지 않았기 때문이다. 도움을 얻고자 간 그 자리가 오히려 더 불편하기만 했다.

혼공족의 필수품,
핵심 노트

결국 나는 혼자 공부하는 방식을 택했다. 죽이 되든 밥이 되든 혼자서 '마이 웨이' 하기로 결심했다.

마이 웨이를 하기로 한 이상 노트 정리와 핵심 요약은 오롯이 나의 몫이 되었다. 나는 다음과 같이 '핵심 노트'를 만들었다. 일단 목차를 통해 기본 뼈대를 만든 후(자세한 내용은 121쪽을 참고하자),

수업 시간에 들은 내용이나 교과서에서 중요하다고 느꼈던 부분을 작성했다. 거기서 멈추지 않고 인터넷을 통해 다른 사람은 어떤 식으로 정리했는지 찾아보고 내가 빠뜨린 부분이 있다면 더해 넣었다. 만약 학원을 다니고 있다면 그곳에서 나눠주는 자료를 참고하는 것도 하나의 방법이다.

마지막으로 가장 중요한 문제를 풀고 채점한 뒤 풀이까지 꼼꼼하게 읽고, 노트에 빠진 부분들을 채워 넣음으로써 정리를 마무리했다. 사실 핵심 노트의 중요성은 노트를 만드는 과정 그 자체에 있다. 정리하는 동안 머릿속 내용이 차곡차곡 정리가 되고 어느 정도는 저절로 암기까지 되는 효과가 있기 때문이다.

핵심 노트 준비하기

❶ 목차로 기본 뼈대 잡기.

❷ 수업 시간에 들은 설명과 교과서의 핵심 내용 더하기.

❸ 인터넷 자료 및 문제집을 통해 다른 사람이 강조하는 부분을 추가로 반영하기.

> 혼자 공부하기 때문에 이 부분이 특히 중요!

❹ 실전 문제 풀기.

❺ 문제를 채점한 뒤 풀이를 꼼꼼히 읽고 내가 빠트린 부분이 있다면 노트에 채워넣기.

혼자 마이 웨이 공부를 시작한 뒤 진행 속도는 조금 느려졌을지 몰라도 공부가 아닌 인간관계에서 오는 압박이나 스트레스는 받지 않게 됐다. 쓸데없는 잡담, 시기, 질투, 불안감, 잘못된 정보 등으로 가득 차 있던 머릿속이 조금씩 비워지는 것이 느껴졌다. 그리고 감정의 찌꺼기에 소모되던 에너지와 시간을 공부에 모조리 투자할 수 있었다.

어차피 공부는 혼자와의 싸움이다. 그렇기 때문에 나 자신과의 결투에서 이기지 못하면 절대 안 된다. 공부하는 시간만큼은 나만의 싸움에 집중하면서 같은 상황에 있는 사람과 부대끼지 않고 최대한 피하는 것이 상책이다. 나는 로스쿨을 다닐 때도 같은 대학원생들과 여간해선 시험이나 공부에 대해 이야기하지 않고 그냥 잡담만 나누었다. 공부로 오는 스트레스에 대해 꼭 이야기하고 싶으면 로스쿨 동기가 아닌 다른 친구들에게 살짝 털어놓았다. 하지만 친구들에게도 주로 맛집이나 여행 이야기를 함으로써 수다 떠는 시간, 쉬는 시간에는 시험에 대한 생각을 아예 차단하려고 노력했다. 휴식 시간이라고 정한 순간에는 최선을 다해 뇌가 쉴 수 있도록 도와주고 싶었기 때문이다.

변호사 시험을 본 날도 그랬다. 중간중간 쉬는 시간이 되면 같은 학교 학생들과 시험에 대해 이야기하는 대신 귀를 막고 눈을 가려가며 내가 공부했던 부분을 머릿속으로 되짚어보기만 했다. 옆 책상에서 학생들이 답을 맞추느라 정신이 없었지만 그 소리 또한 듣지 않으려고 굉장히 노력했다. 사실 공부를 열심히 한 사람이라면 답을 맞춰보는 일의 필요성 자체도 느끼지 못해야 한다. 제대로 준비했다면 이번 시험에서 어느 정도의 기량을 펼쳤는지 스스로 가늠할 수 있어야 하기 때문이다. 그게 바로 마이 웨이 정신이다.

사실 멘탈 관리라고 해서 거창한 방법은 없다. 오히려 이렇듯 간단하고 쉬운 것을 꾸준히 실천하는 것이 공부에 가장 큰 도움이 됐다.

내 자존감은
노트 한 권에서 나온다

최근 들어서 '자존감'이라는 단어가 인기 키워드로 급부상하면서 이를 높이기 위한 책이나 강의가 쏟아지고 있다.

자존감을 끌어내리는 사람들을 멀리하라든가, 당신은 있는 그대로 사랑받을 자격이 있다든가 하는 식의 내용을 가득 담은 채 말이다. 하지만 단지 자존감을 높이기 위해서 주변 사람이나 환경 전체를 싹 갈아치우는 일은 사실상 불가능하다.

기분 나쁜 말만 골라 하는 고등학교 동창과 거리를 두고 싶다 한들 친구와 같이 속해 있는 단체 카톡방은 어쩔 것이며, 성질을 살살 긁는 말만 뱉어내는 상사를 멀리하고 싶다 한들 그 때문에 일을 관둘 수는 없으니 말이다. 그러니까 주변을 바꿀 생각을 하기보다는 반대로 본인의 내면부터 단단하게 만들고, 갖고 있는 '자존감 배터리'의 용량을 키우는 일에 많은 시간과 노력을 투자하는 것이 좋다.

매사추세츠공과대학교_{MIT, Massachusetts Institute of Technology}(이하 'MIT')를 다니던 시절 교수님이 말씀하시길, 사람의 IQ는 '배터리'와 같다고 했다. 대용량 배터리를 가진 사람은 한꺼번에 뭐든지 잘해내지만, 반대로 소용량 배터리를 가진 사람은 단순한 한 가지 일만 해도 과부하가 온다는 말이었다. 그래서 어떤 사람은 뭘 해도 신기할 정도로 다 잘하는 반면, 어떤 사람은 일 하나를 해내는 것조차 버거워하는 경우를 볼 수 있다.

나는 자존감도 똑같다고 생각한다. 자존감이 높은 사람은 누가 상처를 주는 말을 끝없이 떠들어도, 어떤 어려움이 예상치 못하게 불어닥쳐도 중심을 지키며 꿋꿋하게 자신이 할 일을 해낸다. 하지만 자존감이 낮은 사람은 누가 옆에서 마음에 거슬리는 말 한마디만 해도 멘탈이 와장창 무너져서 아무것도 하지 못한 채 몇 날 며칠을 우울감 속에서 허우적댄다.

그래서 본인의 자존감 배터리를 대용량으로 만드는 일이 참 중요하다. 특히 큰 시험을 앞뒀거나 공부를 할 때는 더 중요하다.

공부란 무릇 짧게는 몇 주에서 (시험 하루 전날 하는 벼락치기는 공부라고 치지 않겠다) 길게는 몇 년이라는 시간 동안 집중해서 반복적으로 해야 하는 미션 같은 것인데, 주변 사람의 오지랖과 시시때때로 변하는 상황에도 끄떡없는 단단한 자존감이 있다면 공부라는 일 자체가 훨씬 수월해질 테니 말이다.

성취감 노트 쓰는 법

　　　　　　　　　그렇다면 이놈의 자존감, 도대체 어떻게 해야 대용량 배터리로 만들 수 있을까? 흔히들 하는 말이긴 하지만 자존감은 여러 개의 '작은 성취감 블록'이 쌓이고 또 쌓여서 견고한 성벽이 될 때 커진다. 그리고 성취감은 내가 스스로 하고자 계획한 일을 차근차근 이루어나갈 때 얻을 수 있다.

　나는 매일 해야 할 일을 기입하는 작은 '성취감 노트'를 따로 만들어 쓴다. 노트에는 별다른 내용 없이 날짜와 해야 할 일 리스트만 작성한다. 일은 하나씩 마무리할 때마다 번호 옆에 '체크' 표시를 하는데, 만약 다 마무리 짓지 못하고 반쯤 끝낸 일이 있다면 '세모' 표시를 한 뒤 다음 날 해야 할 일 리스트에 새로 써넣는다.

　나는 이런 식의 목록을 중학교 때부터 꾸준히 만들어 썼다.

최대한 자세히 적기 때문에 어떤 날은 해야 할 일이 무려 스무 개 정도인 적도 있었지만, 리스트를 만든 후 하나씩 체크하며 진행하다 보니 일을 부담 없이 금세 마무리하는 것이 가능했다.

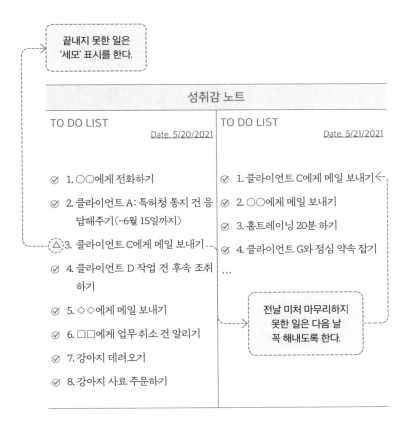

끝내지 못한 일은 '세모' 표시를 한다.

성취감 노트

TO DO LIST
Date. 5/20/2021

☑ 1. ○○에게 전화하기
☑ 2. 클라이언트 A: 특허청 통지 건 응답해주기(~6월 15일까지)
△ 3. 클라이언트 C에게 메일 보내기
☑ 4. 클라이언트 D 작업 건 후속 조치하기
☑ 5. ◇◇에게 메일 보내기
☑ 6. □□에게 업무 취소 건 알리기
☑ 7. 강아지 데려오기
☑ 8. 강아지 사료 주문하기

TO DO LIST
Date. 5/21/2021

☑ 1. 클라이언트 C에게 메일 보내기
☑ 2. ○○에게 메일 보내기
☑ 3. 홈트레이닝 20분 하기
☑ 4. 클라이언트 G와 점심 약속 잡기
…

전날 미처 마무리하지 못한 일은 다음 날 꼭 해내도록 한다.

공부도 마찬가지다. 오늘의 계획을 세웠다면 목표한 일을 하나씩 해낼 때마다 체크 표시를 하고, 혹시나 끝내지 못한 공부가 있다면 (물론 없어야 하지만!) 세모 표시를 한 뒤 내일의 리스트에 더해 놓으며 일과를 관리하는 것이다. 목표 달성을 의미하는 체크가 하나씩 늘어나고, 매일의 기록이 쌓여 몇 년간 쓴 여러 권의 노트가 되어가는 과정을 보면 누구든 성취감을 느끼지 못할 수 없다. 이렇게 작은 성취감이 모여서 나의 자존감 배터리가 커지는 것이다. 작은 성취감으로 단단히 뭉쳐진 대용량 자존감 배터리를 가진 사람은 주변에서 어떤 말을 하든지 간에 묵묵히 본인이 가야 할 길을 갈 수 있다.

내가 처음 로스쿨에 간다고 했을 때, 변호사 시험을 두 번째로 보게 됐을 때, 책을 쓴다고 했을 때, 방송 일을 한다고 했을 때, 매번 얼마나 많은 사람이 내 배의 사공이 되려고 훈수를 두고 떠들었는지 모른다. 그들은 내가 변호사가 되기 전에는 이런 말을 했다.

"그 나이에 로스쿨은 왜 가냐,

한 번 떨어졌으면 포기하고 다른 길을 가라.

나이가 있는데 이제 변호사 되기는 힘들 것이다."

막상 변호사가 되자 이런 말을 했다.

"얌전히 변호사나 하지 방송 일은 왜 하냐, 월급이 적냐?
혹시 한 가지 일을 진득이 하지 못하는 병이 있는 건 아닌지?
네가 작가도 아닌데 책은 왜 쓰는지 모르겠다.
예쁘지도 않고 나이만 많은데 방송은 어떻게 하려고 그러냐.
아, 결혼은 언제 하고 애는 언제 낳으려고 그러는지……."

하지만 나는 그런 말에 별로 상처를 받지 않을뿐더러 그냥 그러려니 한다. 괜히 상처받거나 흔들리는 대신 하고 싶은 공부와 일을 병행하며 인생에서 이루고 도전하고자 하는 목표에만 전념한다.

나는 내가 남들보다 잘나서 또는 똑똑해서 타인의 말에 흔들리지 않는 것이라고는 생각하지 않는다. 오히려 나는 그들보다 못난 점이 많고, 집중력도 부족하며, 공부 머리도 평균이다. 하지만 내가 어릴 때부터 쌓아온 '성취감'이라는 성벽은 '대용량 자존감 배터리'를 만들어주었고, 이는 내가 스스로를 부족하다고 느끼며 흔들리는 순간에 절대 무너지지 않도록 지켜준다.

현재 내 배의 사공은 오직 나 혼자다. 그리고 앞으로도 그럴

것이다. 이 책을 읽고 있는 당신의 배에도 오직 당신 혼자 노를 굳

건히 젓고 있기를 바란다.

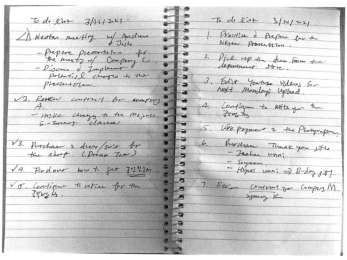

실제로 내가 쓴 성취감 노트

스타벅스엔
왜 그렇게 '카공족'이 많을까

나는 '~해서 안 돼', '~니까 할 수 없어'라고 한계를 규정하는 일종의 '징크스'를 만드는 것을 극도로 싫어한다.

결국 징크스의 개수가 많으면 많을수록 공부나 시험에 실패할 확률이 높아진다. 예를 들어 아래와 같은 징크스가 있다고 치자.

- ○○ 브랜드의 연필이나 펜이 아니면 공부가 잘 안되더라.
⇨ 시험 당일, 특정 브랜드의 연필 또는 펜을 사용할 수 없을 때 과연 시험을 잘 볼 수 있을까?

- 집에서 공부하면 집중이 안된다.

⇨ 코로나 바이러스로 인해 도서관이 문을 닫거나 카페를 이용할 수 없다면 그 시기는 어떻게 할 것인가?

- 옆에 앉은 친구가 다리를 떨면 신경 쓰여서 집중할 수가 없다.

⇨ 시험 당일, 옆자리 친구가 다리를 떨거나, 연필로 책상을 탁탁 두드리거나, 아니면 감기에 걸려 계속 기침을 하는 상황을 만난다면?

생각만 해도 끔찍하다. 특정 징크스를 갖고 있는데 예상치 못한 상황에 부닥친다면 분명 공부에 집중할 수 없을 것이며 시험도 망칠 것이다. 그렇기 때문에 시험 준비 기간 동안 주의할 점은 바로 쓸데없이 징크스를 정하거나 더 나아가 나만의 행운의 마스코트, 부적 따위의 물건을 만들지 않는 것이다. 그런 것들을 만들었다가 잃어버리기라도 하는 날엔 생각지도 못하게 멘탈이 부서지는 수가 있다.

따라서 공부를 제대로 하기로 마음먹었다면 아무 데서나 구할 수 있는 연필이나 펜을 이용하고 그것의 굵기, 필기감 등 어떤 것도 신경 쓰지 말고 그냥 쓰도록 하자. 색도 마찬가지다. 파란색 펜

서동주의 합격 공부법

으로도 쓰고 검은색 펜으로도 쓰는 버릇을 들여 어떤 색으로 사용하든 간에 공부가 가능하도록 훈련이 되어야 한다.

같은 맥락으로 장소도 까다롭게 고르지 말자. 무조건 독서실 혹은 카페에서만 집중이 된다고 생각하지 말고, 집에선 절대 안된다는 식의 결론도 섣불리 내려서는 안 된다. 물론 그중 '공부가 가장 잘되는 장소'는 있을 수 있지만 '공부가 안되는 장소'는 없어야 한다는 뜻이다. 공부란 자고로 집중만 한다면 집에서도 잘되고, 카페에서도 잘되고, 독서실에서는 더욱 잘되어야 하는 것이다.

나는 침대에
누워서 공부한다

나는 허리가 약한 편이라 오래 앉아 있으면 곧장 통증이 온다. 그래서 침대에 '누워서' 공부를 하는 시간이 꽤 길다. 집, 게다가 침대 위에서, 그것도 누워서 하는 공부!

그런 모습을 보고 남동생은 '닌자 공부법'을 쓴다고 이름을 붙여주었다. 아무도 내가 제대로 공부하는 모습을 본 적이 없기 때문이라고 했다. 시험 기간 내내 함께했던 친구 한 명도 말하길, 만일 내가 누워서 텔레비전을 틀어놓고 띵가띵가 공부하는 모습을 자신의 어머니가 보았다면 게으르다며 '등짝 스매싱'을 날렸을 거라고 했다. 하지만 누워서 하는 공부는 여태껏 사용한 것 중 (나에겐) 가장 최고의 방법이다.

눕기, 사실 이것만큼 졸기 쉬운 자세가 없다. 그래서 모르는 사람이 보면 침대에 누워서 빈둥거리며 무슨 공부를 할 수 있겠냐고 반문하겠지만, 일단 나에게는 통증의 고통 없이 할 수 있는 최상의 자세이자 집중 방법이다. 비밀 하나를 고하자면 사실 이 글도 누워서 쓴 것이다.

나 역시 처음엔 다른 사람의 경험담을 듣고 생긴 고정관념 때문인지 누워서 공부하기만 하면 잠이 쏟아졌고 꾸벅꾸벅 졸기만 했다. 하지만 어느 날 공부를 꽤 잘하는 선배와 이야기를 나눈 적이 있는데, 그가 말하길 공부를 잘하는 사람은 언제 어디서든 집중을 잘해서 지식을 쌓을 줄 아는 능력이 있는 것 같다고 했다. 그런 사람은 시끄러운 클럽에 가도 공부가 가능할 거라는 말도 덧붙였다.

물론 어느 정도 과장이 섞인 말이라고 생각하지만, 그래도 그날 이후로 나도 언제 어디서든 공부가 가능한 사람이 되고 싶어졌다. 그러기 위해서 공부가 안되는 이유를 뒷받침할 만한 변명

서동주의 합격 공부법

은 모조리 넣어두기로 했다.

집에선 가족들이 떠들어서 공부가 안되고, 앉아서 공부하면 허리가 아프고, 그렇다고 누워서 하면 무지막지하게 졸리고, 카페에 가면 옆 사람의 옷에 밴 담배 냄새 때문에 신경 쓰이고, 독서실에 가면 마스크도 쓰지 않은 채 5분 간격으로 기침을 하는 사람 때문에 화가 나고……, 집중하기 힘든 이 모든 이유를 다 변명이라고 생각하면서 마인드 컨트롤을 시작했다.

'나는 집에서 해도 이 정도로 집중이 가능하구나.'
'평소 쓰는 필기구가 아닌 다른 펜을 써도 성적엔 별 지장이 없어.'
'독서실에서 옆 사람이 책상에 물건을 쾅쾅 소리를 내며 놓아도
그러거나 말거나, 별일이 아니니 집중해서 예습과 복습을 해야지.'

이런 식으로 마음을 다잡을수록 점점 징크스가 없어졌고, 징크스가 사라지니 어떤 상황에서든 어느 정도의 집중이 가능해졌다. 잊지 말자. 공부는 징크스 없는 사람이 훨씬 유리하다.

수업 시간에는
물음표 살인마가 되자

어렸을 때부터 나는 호기심 덩어리였다. 단 한 가지도 그냥 곧이곧대로 듣거나 믿지 않고 꼭 "왜?"라는 질문을 던졌다.

질문의 답을 찾기 위해서 1990년대 '국민학생'이라면 다들 한 권쯤은 갖고 있던 백과사전을 처음부터 끝까지 읽곤 했다. 아니, 책이라면 가리지 않고 닥치는 대로 읽었다. 그런 성격이다 보니 수업 시간에도 궁금한 건 꼭 물어봐야 직성이 풀렸다.

흔히들 수업 중 질문하기를 꺼려하곤 한다. 혹시나 바보 같은 질문을 했다가 공개적으로 망신을 당할까 봐, 혹은 수업이 빨리 끝나기를 원하는 많은 이에게 민폐를 끼칠까 봐서다. 물론 후자

의 이유로 물어보는 일을 머뭇거린 적이 있긴 하지만 적어도 전
자의 이유로 그냥 넘어간 적은 없다.

수업을 듣다 보면 다른 친구들은 전부 내용을 명확하게 이해
하고 있는 듯하고, 나 자신만 모르는 것 같은 기분이 들기 마련이
다. 모두 색색의 볼펜이나 형광펜을 쥐고 필기구도 바꿔가며 열
심히 받아 쓰고 고개도 끄덕이는 모습을 보여주니 말이다. 실은
그들 대부분도 나랑 비슷한 수준의 지식을 가지고 있으며, 내가
잘 이해하지 못하는 부분은 마찬가지로 이해하지 못할 확률이 높
다. 더 나아가 그중 몇몇은 나 같은 사람이 본인 대신 질문해주기
를 기다리고 있을지도 모른다.

언제까지 천 만원을
그냥 기부할 텐가

그래도 질문하기가 꺼려진다면
'학비'를 떠올려보라. 일반 공립 중고등학교는 몰라도 대학교를
가면서부터 우리는 꽤 많은 금액의 등록금을 지불한다. 오죽하면
등록금 '천만 원 시대'라는 말이 생겼겠는가.

나의 경우엔 초등학교 때부터 사립학교를 다녀서 대학원을

가기 전까지 얼마나 많은 양의 돈을 학교에 '들이부었는지' 짐작조차 되지 않을 정도다. 그러다 보니 머릿속에 질문이 스물스물 떠오르는데 할까 말까 고민이 되는 순간에는 비싼 등록금을 떠올렸다. '학교에 내는 돈이 얼만데, 궁금하면 무조건 물어본다!'라고 속으로 되뇌곤 했다. 질문이 얼마나 바보 같은지는 중요하지 않았다. 오히려 학비를 내면서도 질문하지 않는 것이 바보 같은 행동이라고 생각했다.

나의 끝없는 질문은 MIT에 가서도 이어졌다. 이곳은 학교 특성상 천재적인 학생들이 유난히 많기에 가끔, 아니 거의 매번 남들 앞에서 질문을 해야 하나 말아야 하나 내적 갈등을 겪어야만 했다.

하지만 그럴 때마다 나처럼 한 번에 이해하지 못하는 학생도 분명히 있을 것이라는 믿음을 갖고 용기 내어 손을 들고 질문을 던졌다. 만약 스스로 판단하기에도 나 빼고 다른 학생들은 다 알 것 같아 질문하자니 민폐처럼 느껴질 때엔, 수업 시간에는 손을 들지 않더라도 강의가 끝난 뒤 교수님이나 조교 선생님을 바로 찾아가 묻는 것을 망설이지 않았다.

질문도 기술이다

끝없는 궁금증은 시간이 흘러 로펌에서 변호사로 일하게 됐을 때도 마찬가지였다.

일단 어느 직장이나 말단 직원으로 입사하게 되면 아는 것이 아무것도 없어 우왕좌왕하게 된다. 그러다 어떠한 프로젝트나 일을 맡게 되기라도 하면 어디서부터 어떻게 시작해야 하는지조차 모르는 경우가 많다.

그럴 때면 나는 어느 정도의 시간을 투자해 주어진 업무를 파악하고 분석부터 했다. 대신 혼자서 한 시간 넘게 씨름하지는 않았다. 직장은 효율성 있게 일하는 사람만이 살아남을 수 있기 때문이다. 그래서 한 시간 정도 이내로 무얼 하면 되는 건지 스스로 상황 파악은 하되, 이해가 되지 않는 부분은 표시하고 그와 관련된 질문을 정리해 상사에게 재빨리 물어보는 쪽을 택했다.

나중에는 일을 전달받을 때 아예 다음과 같이 기본적인 질문 몇 가지를 미리 함으로써 업무에 대한 이해도와 효율을 높였다.

- [기한 확인] "일은 언제까지 마무리하면 될까요?"
- [샘플 확인] "비슷한 사례가 예전에 있었다면 샘플을 한 번 볼 수 있을까요?"

- [팁 및 노하우] "자료를 온라인에서 검색할 때 어떤 검색어를 사용하는 것이 효율적일까요?"
- [진행 중 문의 사항] "업무와 관련해 문의 사항이 생기면 어느 분께 질문하면 될까요?"

상황에 따라 앞의 질문들을 미리 하여 애초에 최대한 많은 양의 정보를 가지고 내 책상으로 돌아올 수 있도록 했다.

아직도 질문하기가 꺼려진다면 이 말을 명심하자. '쓸데없는 질문이란 없다.' 주어진 과제나 업무를 제대로 이해하지 못하면서 부끄럽다는 이유로, 질문의 수준이 낮을지도 모른다는 이유로, 혹은 남들이 싫어할 수 있다는 이유로 묻지 않는 것이야말로 가장 쓸모없는 바보짓이다. 물론 설명을 들을 때 제대로 집중하지 못해서 다음번에 똑같은 물음을 반복하여 모두의 시간을 허비해서는 안 되지만, 처음 배우는 사람이 질문하는 것은 전혀 부끄러운 일이 아니다.

결국 질문은 '잘 몰라서', '멍청해서' 하는 것이 아니다. 오히려 '똑똑해야' 할 수 있는 것이다. 설명하는 내용은 파악하지 못했을지라도 의도만큼은 어느 정도 이해한 총명한 사람만이 적시 적소에 예리한 질문을 던질 수 있다. 그러므로 수업 시간에 당당하게 질문하는 나 자신을 현명한 데다 용감하기까지 한 사람이라고 셀프 칭찬해주면 좋겠다.

사실 모르면 무조건 물어보는 태도가 인생을 얼마나 편하게 만들어주고 시간 낭비까지 줄여주는지! 오늘부터는 주저하지 말고 당당히 질문하는 자세를 갖게 되길 바란다.

하지 않는 것이지
못하는 것이 아니다

"너는 당연히 잘하겠지."

"머리가 좋고 똑똑하잖아?"

살면서 수도 없이 들었던 말이지만 정작 스스로를 그렇게 생각해본 적은 없다. 나는 평균적인 공부 머리를 가지고 있을뿐더러, 늘 나보다 훨씬 더 지능이 높은 친구들 사이에서 고군분투하며 지내서 타고난 머리에 대한 기대치 자체가 없다.

대학 시절 수학 강의를 들을 때였다. 무슨 소리인지 도저히 이해할 수 없어서 인상을 있는 대로 구긴 채 설명을 듣는데 교수님의 문장은 매번 "Obviously자명하게"라는 단어로 시작했다. 도대체 뭐가 자명하다는 건지 나로서는 알 길이 없었다. 다른 친구들은 어떻게 수업을 듣나 지켜보니 다들 고개를 느릿한 속도로 끄덕이고 있었다.

"Yes, Obviously그렇죠, 당연하죠." 그들은 가끔 조용하게 혼잣말을 되뇌기도 했다. 어떻게 저 어려운 내용을 듣고 반사적으로 저런 말을 할 수가 있을까? 기에 눌려 나는 질문조차 할 수 없었다. 어쩔 수 없이 칠판의 모든 내용을 잽싸게 받아 적은 후 집에 가서 다시 훑어보곤 했다.

늘 이런 식이었으니 스스로 똑똑하다고 느낄 틈조차 없었다. 애초에 같은 강의를 듣는 친구들을 따라잡으려면 그들보다 두 배, 세 배의 시간을 투자해도 될까 말까였으니 말이다. 하지만 아이러니하게도 상황이 그렇다 보니 나의 노력과 시간이 가져다주는 결과물에 대한 믿음만은 그 누구보다도 커졌다. 그래서 남들보다 머리가 나쁘다고 느끼거나 뒤처진다는 이유로 중간에 공부를 포기하는 일은 없었다.

안 되면
될 때까지 한다

로스쿨 2학년 시절, 미국 5대 로펌 중 하나인 퍼킨스 코이Perkins Coie에서 여름 인턴 제도 프로그램Summer Associate을 통해 일하게 되었을 때도 마찬가지였다.

당시 동기들은 모두 하버드대학교Harvard University, 스탠퍼드대학교Stanford University, 코넬대학교Cornell University와 같은 대단한 로스쿨에서 우수한 성적으로 재학 중인 학생들이었다. 그에 반해 나는 로스쿨은 랭킹이 낮아 100위 안에도 들지 못하는 학교에 다니는 중이었고, 1학년 때 공부도 열심히 하지 않아서 성적도 C 학점을 잔뜩 받은 상태였다.

오리엔테이션에서 모두 첫인사를 하며 자기소개를 하는데 대부분 자신이 다니는 학교 자랑을 하기 바빴다. 나는 하버드야, 나는 스탠퍼드야…… 서로에게 질세라 떠드는데 그 사이에서 내가 다니는 학교를 말하는 것은 살짝 창피하기까지 했다. 만약 어느 학부를 졸업했냐는 대화가 이어진다면 나도 당당히 MIT 출신이라고 말하며 껴볼 만했을 텐데 아쉽게도 그런 일은 일어나지 않았다.

하지만 그렇다고 기죽어 있을 내가 아니다. 머리는 덜 좋아도,

스펙은 떨어져도, 나에겐 '헝그리 정신'이 있다. 그리고 그 정신은 나를 허기지고 배고프게 하는 것이 아니라 시간과 노력을 소중하게 생각하는 밑거름이 된다.

먼저 미국 대형 로펌이 시행하는 여름 인턴 제도 프로그램에 대해 간단히 설명하자면, 일단 그곳에는 전국 각지의 인재들이 모인다. 월급이 다른 로펌 혹은 사내 인턴보다 월등히 높은 것은 물론이고, 그보다 대형 로펌에서 일을 한 경우 짧은 기간 내에 다양한 경험을 해본 사람이라는 인식이 있어서 다른 직장으로 옮길 때도 유리하다는 이점을 갖고 있다.

이 프로그램에는 워낙 많은 인재가 모이다 보니 로펌은 여러 가지 화려한 이벤트를 열며 적극적으로 홍보를 한다. 퍼킨스 코이도 와인 테이스팅, 골프 토너먼트, 고급 레스토랑에서의 저녁 식사, 스파 체험 등을 포함한 수십 가지의 이벤트를 열었다. 그 외에도 점심 식사 비용으로 한 사람당 한국 돈 5만 원 정도의 수당을 매일 주었기에 인턴들은 회사 주변에 위치한 괜찮은 레스토랑은 하나도 빼놓지 않고 다 가볼 수 있었다.

사실 여름 인턴은 합격하기는 어렵지만, 막상 붙고 나면 프로그램 내 주로 로펌이 학생에게 회사를 적극적으로 어필하는 시간으로 채워지기에 학생들은 이벤트를 즐기며 적당히 일하기만 하면 된다. 말도 안 되는 실수를 하지 않는 이상 거의 모든 인턴이 정식 직원으로 채용되니 말이다.

안타깝게도 나의 경우는 달랐다. 편안한 마음으로 이벤트를 즐기기에는 다른 인턴들에 비해 스펙이 매우 부족한 상태였다. 학부는 좋았지만 학교의 로스쿨 랭킹과 성적이 턱없이 낮았기 때문이다. 결론적으로 나는 프로그램이 끝난 뒤 정식 직원으로 채용되기 위해서 타의 반, 자의 반으로 여름 내내 인턴 생활에 최선을 다하기로 마음먹었다. 프로그램 담당자 중 단 한 명도 나를 떨어뜨리자는 의견을 낼 수 없도록 하기 위해서.

그래서 여름 내내 잠을 줄여가며 일에 집중했다. 어떤 이벤트가 있든, 업무가 몇 시에 끝나든 상관없이 늘 회사로 돌아와 일을 마무리했고 야근이 일상이었다. 주중뿐만 아니라 주말에도 일했다. 그러다 보니 로펌 내 거의 모든 사람이 내가 열심히 일한다는 사실을 알게 되었고, 감사하게도 나는 다른 인턴들보다 많은 양의 일을 맡게 되었다.

그중 아직도 기억나는 에피소드는, 이미 다른 변호사 두세 명이 시도했으나 해결점을 찾기가 힘들어서 포기 상태에 처한 어려운 케이스를 맡게 된 일이었다. 심지어 당시 클라이언트도 거의 포기하다시피 한 상황이었기에 시간당 가격이 제일 싼 말단 인턴인 내게 기회가 주어졌다. 일은 클라이언트가 원하는 상표를 등록하는 것이었는데, 미국특허상표청USPTO의 심사 변호사에 의하면 상표가 단순히 제품의 기능만을 설명하는 데 치중했기 때문에 상표로써의 가치가 없어서 여러 차례 거부된 상태라고 했다.

당시 일을 갓 시작한 인턴이라 모르는 것이 아는 것보다 많은 내가 봐도, 심사 변호사의 주장을 반박할 만한 증거를 모으는 일이 가장 까다롭다는 점을 알 수 있었다. 상표 등록을 위한 증거로 상표가 어떻게 쓰이고 있는지, 상표에 얼마만큼 투자했는지, 상표와 연관된 제품은 얼마나 팔렸는지 등의 자료가 필요했는데 클라이언트가 증거를 쉽게 제공할 리 없었다(이 부분이 아이러니하게 느껴질 수 있어 설명을 더하자면, 클라이언트의 입장에서는 한 번 자료를 넘기게 되면 관련 내용이 모두 공개되기 때문에 추후 투자를 받거나 상장을 할 때 불리해질 수 있다. 그래서 반드시 필요한 증거가 아닌 이상 모든 자료를 쉽게 내어주지 않는다).

그래서 나는 아예 클라이언트의 사무실로 출근하며 직원들과 친하게 지내는 방법을 선택했다. 더 이상 로펌 책상에 앉아서 서류를 검토하는 것이 답은 아니라고 생각했다. 능력 있는 기존 변호사들도 충분히 자료를 찾고 읽고 또 읽었을 것이다. 그렇다면 이제는 다른 방법을 써야 할 시점인 것이다.

얼마간의 시간이 지나자 상황이 바뀌기 시작했다. 예전에는 절대 제공할 수 없다며 단칼에 거절당한 자료까지 얻을 수 있게 됐다. 나는 자료를 취합하는 과정에서 클라이언트가 고용한 직원들에게 왜 이런 민감한 자료와 증거까지 심사에 필요한 것인지, 이 자료를 토대로 어떠한 전략을 쓸 예정인지 등을 최대한 자세히 설명했다. 또한 아무리 바빠도 클라이언트의 전화와 메일에는 최대한 빨리 회신을 함으로써 그들이 안심하고 우리와 일을 할 수 있도록 최선을 다했다. 일을 하는 것에는 신뢰를 주는 것도 포함되기 때문이다.

이렇게 철저히 준비했음에도 불구하고 여전히 심사에서 떨어질 확률이 높았기에 마음을 졸이던 중, 생각보다 빨리 심사 변호사에게서 상표가 등록되었다는 연락이 왔다. 클라이언트는 바로 나에게 수고했다며 감사의 내용이 담긴 메일을 보냈고, 같은 상표 등록 소속 파트너 변호사들과 동기들도 수고했다는 연락을 주었다. '경험도 없는 네가 도대체 어떻게 해냈는지 모르겠지만 축하한다!'와 같은 내용의 메일도 몇 통 받았으나 무시한다는 느낌보다는 신기해하는 느낌이어서 왠지 모르게 기분이 좋았다.

여름이 끝나고 최종 평가를 위한 미팅이 진행됐다. 당시 인사과 담당자와 파트너 변호사의 맞은편에 앉아 얼마나 긴장했는지 지금도 기억이 생생하다. 파트너 변호사는 웃으며 "긴장할 필요 없어, 대니엘"이라고 말해주었다. 그러곤 내가 여름 동안 남들보다 세 배 이상의 케이스를 도맡아 해결했다는 사실을 알려주었고, 그 결과 원하던 대로 로스쿨을 졸업하기도 전에 정식 변호사로 채용되어 3학년 내내 마음 편히 학교에 다닐 수 있었다.

무엇을 하든 어렵지 않은 일은 없다. 나보다 뛰어난 사람들과 걸음걸이를 맞추려면 그들의 두 배, 세 배 이상 노력해도 모자랄 때가 많다. 하지만 매일 노력하다 보면 완벽하게는 아니더라도 그 발치에는 닿을 수 있다. 나는 지금도 스스로 많이 부족하다고 생각하지만 그 사실은 나를 주저앉게 하기보다는 더더욱 과감하게 도전하게 만드는 동기 부여가 되어준다. 세상에 어렵지 않은 일은 없지만 반대로 이루지 못할 일도 없기 때문이다.

수백 번의 불합격 통보

    나는 뭐든지 한 번에 얻은 적이 없다. 학교 입학, 변호사 시험 등 모든 관문마다 고배를 맛보아야만 했다.

    대학 입학 때도 원하는 학교에 다 불합격하는 바람에 웰즐리대학교Wellesley College에 미술학 전공으로 입학했다가 몇 년 뒤인 2004년에 MIT 수학과로 편입했다. 편입 과정도 순탄치 않았다. 가을 학기에 원서를 냈는데 떨어지는 바람에 봄 학기에 다시 지원했다. 하지만 학교 규정상 봄 학기에는 아예 외국인 학생의 원서 자체를 받지 않았다. 하는 수 없이 일단 접수를 하고 입학관리본부에 찾아가 상황을 설명하고 원서를 내는 것까지만 허락해달라고 사정했다.

당시 나는 웰즐리대학교 순수 미술 전공이었는데 모든 수학·과학 과목은 자매 학교인 MIT에서 듣던 중이었다. 잠도 자지 않고 놀지도 않으며 오로지 공부만 한 덕에 모든 수업에서 A 학점을 받았고, 미술 전공인 내가 공대생인 MIT 학생을 제치고 항상 1등을 했다. 종종 미국 대학은 성적 발표를 하지 않는데 어떻게 등수를 확인했냐고 묻는 사람들이 더러 있다. 그건 100점이 만점인 시험에 교수님께서 이번 1등은 95점을 받은 사람이라고 했고, 나의 시험지에 95점이 쓰여 있었기 때문에 알 수 있었던 것이다.

계속해서 1등을 하니 MIT 교수님들도 너는 이 학교로 와야 하는 것 아니냐고 말하며 추천서를 써주셨다. 그냥 작성해준 것도 아니고 추천서에 꼭 들어갔으면 하는 내용이 있다면 알려달라고까지 하며 특별히 신경 써주셨다.

이렇게까지 모두 자발적으로 힘을 모아주는데 나 또한 꼭 편입이 하고 싶어서 입학관리본부에 편지도 여러 번 보냈다. 기존 학생보다 수학도 과학도 다 잘하는데 외국인이라는 이유 하나만으로 나를 뽑지 않는 것이 과연 옳은 규정인지 한 번 더 생각해달라는 내용을 담아서. 그들이 감동을 받은 것인지 아니면 설득이 통했는지 어떤 것인지는 모르지만 거듭된 연락 끝에 MIT는 학교 역사상 최초로 봄 학기임에도 불구하고 외국인인 나의 편입을 허락했다. 23살, MIT 학생이 된 것이다. 특별 케이스라서 그랬는지 편입이 결정된 날 입학관리본부에서 직접 전화를 주었다.

"대니엘, 너 정말 집요하다.
붙었으니까 이제 찾아오지도 말고 편지도 쓰지 마!"

당시 책상에서 깜박 졸다가 받은 합격 전화였기에 얼떨떨해서 제대로 기뻐하지도 못하고 끊고 말았다. 정신을 차리고 보니 이게 꿈이었는지 생시였는지 구분이 가지 않아서 합격 통지서를 직접 받을 때까지 아무에게도 자랑하지 못하고 조용히 지냈던 기억이 있다.

나는 한 번에 합격한 적이
단 한 번도 없다

그 뒤로 이제는 좀 쉽게 가나 했건만 졸업 후 여러 대학원에 원서를 냈는데 전부 다 떨어지고 말았다. 나 스스로에게 실망했지만 그래도 최소한 한 번은 재도전을 해보고 싶었다. 결국 나는 졸업 후 1년이라는 시간 동안 알고 지내던 교수님 밑에서 적은 월급을 받으며 연구에 몰두해야 했다. 다행히도 워낙 그 분야에서 뛰어난 분이었기에 마케팅에 대해 많은 것을 배우며 알찬 시간을 보낼 수 있었다. 게다가 당시에 내가 맡았던 논문 리서치는 예술 관련 전문적 지식을 수학적으로 분석하는 작업이라 이보다 더 알맞은 일은 없을 성싶었다.

우울한 마음을 가다듬으며 다시 1년 후 교수님의 추천으로 한번 더 원서를 냈는데 다행히 이번에는 두세 군데의 학교에 합격해 그중 마케팅 박사 과정이 가장 좋다는 와튼스쿨Wharton School에 입학하게 되었다. 와튼스쿨에 가서는 인생이 정말 좀 풀리나 했는데, 막상 가 보니 그곳의 연구 과정과 환경이 내게 잘 맞지 않았고, 거기다 줄도 제대로 서지 못해서 '왕따'로 1년간 눈칫밥을 먹으며 고생하다 석사만 받고 졸업했다.

마침 그때 선을 본 사람과 만난 지 얼마 되지 않아 결혼하게 돼서 이제는 삶이 순조롭게 흘러가지 않을까 기대했다. 그러나 이혼으로 또 한 번의 큰 실패 아닌 실패를 겪었다.

늦은 나이에 로스쿨을 다니면서 인턴 자리를 구할 때도 60여 곳에 지원했으나 연락이 온 곳은 한 손으로 꼽을 수 있을 지경이었다. 얼마나 자주 불합격 소식을 들었으면 나중엔 아무런 생각도 나질 않았고 그저 그런가 보다 싶었다. 어떻게 보면 운이 좋아서 입사한 퍼킨스 코이에서도 내가 직장 상사와 불륜을 저질러 낙하산으로 들어왔다는 이상한 소문이 도는 바람에 실력을 증명하려고 기 한 번 못 펴고 죽어라 일만 해야 했다.

하다못해 정식으로 변호사가 되려면 통과해야 하는 캘리포니아 바 시험California Bar Examination(판사, 검사, 변호사 등이 되려는 사람의 능력을 검증하기 위한 국가시험)도 떨어져서 다시 봐야 했다. 퍼킨스 코이를 다니던 당시 회사에 1년 차 변호사가 총 여섯 명이었는데, 그중 나와 다른 한 명을 제외한 모든 사람은 첫 시험에서 바로 합격했기에 나는 몇 개월이나 눈치 보며 기죽은 채로 일했다. 내가 한 일의 성과가 아무리 좋아도 정식 시험을 통과하지 못한 사람을 향한 은근히 무시하는 눈길이 느껴졌다. 거기에 자격지심이 더해져서 자신감까지 말라붙어 매일 괴로웠다.

변호사 시험을 두 번째로 준비하는 과정은 더 힘들었다. 대학교 때는 머리가 잘 돌아가니 뭐든 한두 번만 봐도 다 외우고 이해도 잘됐는데, 이제는 열 번, 스무 번을 봐도 자꾸 까먹으니 마치 혼자 영화 「메멘토Memento」라도 찍는 듯한 기분이 들었다. 농담이 아니라 영화 속 주인공처럼 외워야 하는 내용을 온몸에 문신으로 새긴다 해도 기억하지 못할 것 같았다. 일을 마치고 밤에 집으로 돌아와서 공부하고 주말에도 매일 열두 시간 이상 책만 보니 우울해서 죽을 것만 같았다. 이러다 미치지 싶어서 고민 끝에 친구들을 만나러 나가도 불안한 마음에 한 시간도 편히 놀 수가 없었다.

그러다 몇 개월간의 고군분투 끝에 시험을 보러 간 날, 생각지 못한 문제가 발생했다. 3장에서 더 자세히 언급할 이야기지만 실수로 타이머를 잘못 맞추는 바람에 남은 시간을 잘못 계산하여 시험을 보다가 살면서 겪어본 것 중 최악의 공황 상태에 빠지고 만 것이다.

아무런 생각도 나지 않아서 석고상처럼 뻣뻣하게 굳은 상태로 30분이나 되는 소중한 시간을 송두리째 버리고 말았다. 고생한 시간이 이렇게 한순간에 무너지나 싶었다. 시험을 쳐봤자 떨어질 게 뻔해 보여서 자리를 박차고 일어나 집으로 돌아가고 싶었지만 참고 또 참았다. 포기하지 않기 위해서 속으로 되뇌었다.

'어떻게든 마무리는 짓자.
질 것 같아서 포기하는 치사한 사람만은 되지 말자.'

시험이 끝나고 방으로 돌아와 무려 세 시간 동안 갓난아이처

럼 통곡하며 울었다. 서러워도 이렇게 서러울 수가 없었다. 몇 시
간을 내리 울고 나니 조금 진정이 되어 내일의 시험을 준비했다.
둘째 날 시험은 그나마 첫날과 같은 패닉은 없이 마무리 지었으
나, 전날의 실수가 치명적이라 붙을 확률이 현저히 낮았기에 결
과를 기다리는 시간은 그야말로 지옥 같았다. 마침내 결전의 날
이 왔을 땐 술을 마시고 확인해야 하나 고민이 될 정도로 멘탈이
약해져 있었다. 그래도 맨정신으로 결과를 확인했다.

　결과는 합격이었다. 해냈다. 스스로가 자랑스러웠다. 시험을
망쳤다는 사실을 알고도 중간에 포기하지 않고 꾸역꾸역 마무리
를 짓고 나온 내가 대견했다. 남들이 다 안 될 거라고 비웃을 때도
쉽지 않은 길을 포기하지 않은 나란 사람이 꽤 마음에 들었다.

나는 포기하는 법을
배우지 않았다

　　　　　　　　　　　　　　로스쿨 선배이자 멘토인 살 토레
스가 늘 나에게 해주는 말이 있다.

　　"대니엘, 사람이 살아가는 데 있어 가장 중요한 것은 '그릿GRIT'이야.

그릿이 있는 사람은 뭘 해도, 어딜 가도 성공하지만

그릿이 없으면 사람은 결국엔 실패하게 된단다.

난 네가 그릿을 가진 사람이 되길 바라.”

그릿은 미국 심리학자인 앤절라 더크워스 Angela Duckworth 교수
가 개념화한 용어로 멘토가 가장 중요시하는 정신이라고 했다.
이는 다음 네 단어의 앞머리를 따서 만든 용어다.

Growth 성장

Resilience 회복력
　　　　　　　　　　　　　　⇨　　 **GRIT**
Intrinsic Motivation 내재적 동기

Tenacity 끈기

더크워스 교수는 단순히 열정만 가지고 날뛰는 것은 성취를
끌어내는 결정적 역할을 하지 못한다고 말한다. 열정은 끈기와
투지 또는 용기가 밑받침되어야 하고, 실패한 뒤에 잠시 낙담할
지라도 다시 일어나 나아갈 수 있는 회복력과 근성이 있어야 한
다. 그리고 마지막으로 한 가지 일에 길게, 몇 년 정도 지속적으로
집중할 줄 알아야 한다.

멘토는 자신도 로스쿨에 입학했을 당시 평균 성적이 C 학점이었지만 포기하지 않는 근성이 뒷받침된 꾸준한 노력 끝에 좋은 로펌에 취직할 수 있었다고 고백하며, 나에게 '너도 할 수 있다'라고 용기를 주었다. 남들이 하면 뻔한 말이겠지만 비슷한 상황을 겪은 선배에게 들은 조언은 가슴 깊이 새겨졌다.

세상은 늘 정신이 쏙 빠질 정도로 빠르게 변하고, 나보다 앞서가는 사람은 항상 많다. 그래서 나만 뒤처진 듯한 기분이 들 때가 많은데 그럴 때일수록 쉽게 포기하기보다는 '그릿'을 가진 사람이 되기 위해서 노력하며 흔들리지 않고 조금씩 나아가야 한다. 주변에서 누가 뭐라고 해도 나만의 길을 가야 한다. 그래야 원하는 삶에 조금 더 가까이 다가설 수 있다.

나의 밑천은 공부다

영어 단어 'Study'의 어원은 라틴어 'Studere'에서 왔다고 알려져 있는데, 이 단어는 '무언가를 추구하며 노력하고 헌신하고 양성한다'라는 뜻을 갖고 있다. 그렇다면 한자는 어떨까. 장인 공工자와 지아비 부夫자가 만난 단어 '工夫'는 '지아비가 되는 노력'이라는 뜻을 가졌다고 한다.

단어의 어원만 살펴봐서는 우리가 흔히 생각하는 공부와는 다소 거리가 있어 보인다. 그래서인지 우리는 공부란 대체 무엇이며, 왜 해야 하는지에 대해서 뭔가 '거창한 이유'를 붙이게 되는 듯하다. 하지만 시험 합격이 목표거나, 좋은 학교를 가기 위한 목적이 있는 공부는 좀 다르다. 거창한 이유 따위 붙이지 않아도 해야 할 이유가 흘러넘친다.

가끔 주위를 둘러보면 "전 인생에서 공부가 중요하다고 생각하지 않아요"라고 자신 있게 말하는 친구들이 있다. 만약 이들에게 공부를 통해 이룰 수 있는 꿈이 아닌 다른 꿈이 확실하게 있다거나, 본인이 가진 뛰어난 재능이 있다면 나도 그 생각에 전적으로 동의한다. 나조차도 (특정 시험 및 학교 진학만을 위한) 공부는 '특별한 재능이 없는 사람들이 하는 것'이라고 생각하기 때문이다. 하지만 자신이 뭘 좋아하는지, 뭘 하면서 살고 싶은지, 어떤 일에 재능이 있는지 없는지조차 모르는 학생이 공부가 중요하지 않다고 말한다면, 나는 그 사람을 한심하게 볼 것이다.

인정하고 싶지 않아도 우리는 단지 공부를 잘한다는 이유 하나만으로 무시당하지 않고, 높게 평가받으며, 고수입의 직장을 얻는 세상을 살아가고 있다. 흙수저로 태어났어도 공부를 잘해서 서울대에 입학하면 남부럽지 않은 직장을 다니게 될 확률이 높고, 주변의 시선도 안타까움에서 부러움으로 자연스럽게 바뀔 것이다. 물론 학벌 하나로 사회의 시선이 바뀐다고 생각하면 한편으로는 안타깝기도 하다. 개인적으로 나 역시 그런 사회가 건강하다고 생각하지는 않는다.

하지만 그게 결국 현실이다. 좋으나 싫으나 학벌이라는 타이틀이 중요한 세상을 살아가면서 공부를 중요하게 여기지 않는다고 혼자 외로이 외쳐봤자 그 누구도 귀담아듣지 않을 것이다.

예전에 한 비즈니스 모임에 참여한 적이 있다. 나의 학벌이나 직장을 모르는 상태에서 대화를 나누던 사람들은 겉모습만 보고 내가 공부도 잘하지 못할 것이고 별 볼 일 없는 직업을 가지고 있을 거라 가정한 듯했다. 대놓고 무시하지는 않았지만 그들의 말투 속에 나를 은근히 깔보고 있다는 것이 느껴졌다.

"잘 모르시겠지만,

아이비리그에서 대학원 생활을 한 사람들끼리는

동료애 같은 게 있거든요.

그래서 우리끼리 뭔가 통하는 게 있다고 할까?"

그들이 다 같은 아이비리그 대학원을 나온 모양이었지만 굳이 나도 아이비리그 대학원을 졸업했다는 사실은 밝히지 않았다. 학벌 가지고 으스대는 사람들 사이에 껴서 자랑하듯 이야기를 늘어놓기가 싫었다. 물론 그럴 수 있었던 것은 나도 좋은 학교를 졸업했기 때문이기도 했다. 만약 내가 공부를 잘하지 못했고 평범한 학교를 나왔다면 그들의 대화를 들으며 자존심이 많이 상했을 지도 모른다. '별로 가진 것이 없으니 나이 먹고 학벌로 자랑질이 나 하지!'라고 생각하며 위안 삼았을 것이다.

그렇게 표면적인 대화를 이어가는 사이 어느샌가 직장 동료 가 나타나 대화에 끼더니 "너네 뭐야, 대니엘도 아이비리그 대학 원 나왔어"라고 말했다. 그들 중 한 명은 놀란 눈으로 "그런데 대 니엘이랑 너는 어떻게 아는 사이야?"라는 질문을 던졌고, 동료는 "나랑 같은 직장 다니잖아! 몰랐어?" 하며 대답했다. 그들은 깜짝 놀라며 왜 그 사실을 진작 말하지 않았냐고 되물었고 이후 대화 속에 쓸데없는 학벌 과시는 더 이상 없었다.

사회생활을 하다 보면 이렇듯 공부 좀 했다는 이유로 잘난 척 하는 사람도 수두룩하고, 상대방이 공부를 제법 했다는 이유로 '갑자기' 인정해주는 사람도 아주 많다. 그것은 비단 한국뿐만이 아니라 미국에서도 굉장히 심하다. 직종에 따라 다르긴 하겠지만 적어도 내가 속한 변호사 세계에서는 학벌을 무지막지하게 따진 다. 참 안타깝기 그지없는 현상이지만 그래도 현실이 그런 것을 어쩌겠는가.

국가대표 김연아는
될 수 없을지라도

군이 학벌이 중요한 세상사를 떠나서도 공부를 해야 하는 이유가 한 가지 더 있다. 공부로 성공하는 것이 예술이나 스포츠 같은 다른 직종에서 성공하는 것보다 훨씬 더 쉽고 빠르다.

생각해보라. 이 세상에 김연아나 손흥민은 단 한 명뿐이지만 변호사나 의사는 넘쳐흐른다. 하다못해 유명 유튜버나 아이돌이 될 확률보다 변호사나 의사 같은 '사'자 직업을 가질 가능성이 훨씬 더 높다는 사실은 부정할 수 없다. 게다가 수많은 '사'자 직업의 소유자들은 사회에서 인정받고 꽤 높은 월급을 받는다.

만약 당신이 어느 한 분야에 뛰어난 재능이 있거나, 전심으로 도전해보고 싶은 분야가 있다면, 잘 안되는 공부를 하기보다는 다른 길을 택하는 것이 맞다는 사실에 동의한다. 하지만 아직까지 스스로 어떤 길을 걸어가야 할지 확신이 없다면 마음을 다잡고 '닥치고 공부'를 해봐야 한다고 생각한다. 열심히 공부해서 좋은 대학을 나오면 좋은 직장에 갈 수 있고, 뒤늦게 다른 길을 택한다 해도 아쉬움이 없으며, 혹여나 뒤늦게 택한 다른 길에서 실패한다 해도 안전하게 다시 돌아올 곳이 있기 때문이다. 따라서 공부는 본인이 하고 싶은 일을 정확히 모를 때 가장 효율적으로 인생의 '투자자본수익률'을 높여주는 길이 되는 것이다.

덧붙여 누군가가 공부를 하는 데 있어 가장 확실한 동기 부여가 무엇이냐고 묻는다면, 나는 '편안한 미래와 그 미래가 주는 다양한 옵션'이라고 말하고 싶다.

100번 해도 안 되면
101번 해라

항상 열심히 공부하는 사람에게도 성적이 들쭉날쭉하는 시기는 반드시 찾아온다.

공부에 권태기를 느끼며 '내가 왜 이 짓을 하고 있지?', '이걸 언제까지 해야 하는 거지?' 하는 생각에 사로잡힐 때가 바로 그런 시기다. 공부 빼고 모든 게 다 재밌게 느껴지는 그런 시기 말이다. 그럴 땐 창문 너머로 바람 소리만 들려도 밖에 무슨 재밌는 일이 있나 싶어 고개가 자동으로 돌아간다. 집중력이 흐트러진 탓에 책상 정리만 살짝 하고 공부를 시작해야지 하다가 한두 시간이 훌쩍 지나가기도 한다.

고백하자면 나는 그런 시기가 꽤 자주 오는 사람 중 하나다.

나는 스스로를 '아싸 중의 인싸'라고 생각하는데, 비슷한 논리로 '공부 잘하는 사람들 사이에서 공부 제일 못하는 사람'이기도 하다. 그래서인지 성적이 잘 나오다가도 갑자기 툭 떨어지는 일이 빈번했다. 그 뒤에는 남은 학기 내내 성적을 올리기 위해 어떤 딴짓도 하지 못하고 책에만 머리를 틀어박고 살긴 하지만 말이다.

성적이 떨어지면 가장 먼저 드는 생각은 바로 이거다. '아, 이제 딴짓은 끝났다.' 힘들긴 해도 처음부터 긴장을 늦추지 않고 꾸준하게 성적을 유지했다면 어느 정도 적당히 쉬면서 공부할 수 있었을 텐데, 잠깐 '정신 줄'을 놓는 바람에 앞으로 몇 개월간 손에서 책을 뗄 수 없게 되었으니 말이다.

하지만 나는 단 한 번도, 성적이 내려갔다는 이유로 그 과목을 포기하거나 공부를 관두는 일은 하지 않았다. 성적이 내려갔다는 것은 내가 방심했다는 뜻이며 최선을 다하지 않았기 때문이지만, 그렇다고 내 인생 전체가 망한 것은 아니다. 급박해진 전개에 당황하더라도, 오히려 이 상황을 게임으로 치면 꼭 깨야 하는 판인 일종의 '퀘스트'로 생각하고 고난을 헤쳐나가 극적인 결과를 만들어내야지 하며 더 기운을 냈다. 마치 내가 영화의 주인공이라도 된 듯 느끼며 오히려 동기 부여가 되기도 했다.

비디오게임을 하다 보면 본격적인 이야기가 시작될 때 주인공은 항상 위험에 처해 있다. 사랑하는 사람이 어딘가에 납치되어 있다든가, 바이러스를 없앨 백신을 찾아서 돌아오지 않으면 세상이 끝난다든가 한다. 이렇듯 세상이 망하고, 망하지 않고의 기로에 서 있을 때 진정으로 재밌는 스토리가 탄생한다. 그리고 사람들은 게임에서만큼은 실생활 같으면 '끝났구나' 싶었을 순간을 기점으로 엄청나고 거룩하기까지 한 일들을 이루어낸다.

공부도 마찬가지로 생각하면 좋겠다. 숙제나 과제 하나, 시험 하나가 우리에게 주어진 '인생'이라는 게임의 퀘스트인 것이다. 게임상이라면 일부 퀘스트에서 낮은 점수를 받았다고 해서 막이 내리지는 않는다. 점수가 떨어져서 순위가 내려간다고 해도 게임 자체의 의미가 없어지지도 않는다. 왜냐하면 게임을 리셋해서 다시 시작할 수도 있고, 또는 낮은 순위지만 그냥 인정하고 넘어갈 수도 있기 때문이다. 우리의 목표, 더 나아가 인생도 똑같다. 단지 시험 하나 망쳤다고 해서, 혹은 등수가 잠시 떨어졌다고 해서 인생이 끝나지는 않는다.

'끝이 날 때까지 끝이 아니다'라는 말이 있다. 나는 이 말을 조금 바꿔서 '내가 끝이라고 할 때까지 끝이 아니다'라고 생각하며 살아간다. 시험 점수, 성적 등수, 아니 그게 뭐든 간에 내가 끝이라고 인정할 때까지는 끝이 아닌 것이다. 시험 한 번 망치는 게 대수인가? 등수 한 번 떨어지는 게 큰일인가? 전혀 아니다. 어차피 긴 세월이 지나고 나이 들어 뒤돌아보면 내가 고등학교 3학년 2학기 영어 시험에서 몇 점을 받았는지 기억하는 이는 아무도 없을 것이다. 당사자인 나조차도 말이다. 그러니까 내가 이 인생의 주인공임을 잊지 말고, 포기하지 말고, 끝까지 그리고 충분히 노력해보자.

내가 지난 세월을 돌아보며 딱 한 가지 후회하지 않는 것이 있다면, 바로 공부다. 초등학교 때부터 지금까지 후회 없이 열심히 공부해왔다는 사실에 커다란 자부심을 느낀다. 공부했다는 사실이 주는 뿌듯함은, 1등을 거머쥠으로써 생긴 자부심과는 결이 다르다. 당연히 성적은 가끔 떨어지기도 했고 늘 잘하지는 못했지만, 그래도 내가 할 수 있는 최선을 다해 최대치의 공부를 했다는 사실에 아주 큰 자긍심을 느끼는 것이다.

실제로 나는 세상에 알려진 것과 다르게 늘 1등을 하지는 못했다. 예원중학교에 입학해서는 반 평균에서 조금 더 높은 수준에 그쳤고, (유학을 떠나기 전이라 바람이 좀 들어갔었다) 유학을 가서도 늘 1등은 하지 못했다. 대학생이 된 뒤 수학이나 과학 과목에서 1등을 차지했지만 MIT 편입 후에는 그렇지 못한 경우가 더 많았다. 심지어 어떤 과목에서는 거의 꼴찌를 하기도 했다. 그렇지만 나는 늘 1등을 목표로 공부했다. 그렇게 최선의 노력을 발휘해야 목표의 발치에라도 닿을 수 있다는 것을 잘 알고 있었다.

어차피 해도 안 될 것 같으니까 노력하지 않아 놓고선 "에이, 공부했으면 점수가 어느 정도는 나왔을 텐데 노력을 안 해서 성적이 별로인 거야"라는 식의 자기 합리화를 하는 멍청이는 되지 말자. 노력했다가 실패하는 것이 노력 없이 실패하는 것보다 낫다. 나름의 애를 쓰다가 실패한 이는 적어도 노력의 과정 속에서 끊임없이 인내했으며, 자기 자신과의 싸움에서 승리한 사람이다.

우리는 다 똑같은 인간이기에 안 될 법한 일은 아예 시도하기도 싫고 하기도 전에 망설이게 된다. 하지만 공부를 열심히 했던 사람들은 다들 안 될 것 같아도 도전했고, 뭐든 마음대로 되지 않을 때도 좌절하지 않고 다시 일어나서 그날의 해야 할 일을 했다.

먼 미래에 할머니, 할아버지가 되어 스스로를 돌아보았을 때 '되든 안 되든 최선을 다해본 사람'이고 싶은지 아니면 '자기 합리화만 하다가 늙어간 사람'이고 싶은지는 본인이 정하면 될 일이다.

그러니까 포기하지 말자. 노력하고 또 노력하자.

2장

| 중반전 |

합격으로 가는
공부 스킬

장애물을 만났다고 반드시 멈춰야 하는 것은 아니다.

벽에 부딪힌다고 돌아서서 포기하지 마라.

어떻게 벽에 오를지,

어떻게 벽을 뚫고 나갈 수 있을지,

또는 돌아갈 방법은 없는지 생각하라.

— 마이클 조던Michael Jordan

작심삼일도
100번 하면 작심삼백일

  공부 계획이 망하는 이유는 단 하나다. 본인의 능력치를 제대로 분석하지 않고 말도 안 되는 양을 목표로 잡았기 때문이다.

  무모한 계획을 세운 후 실패하는 것만큼 바보 같은 짓은 없다. 스스로 정한 목표에 도달하지 못하면 굳이 느끼지 않아도 되는 실망감까지 고스란히 느껴야 한다. 시험 자체도 부담스럽고 힘든데 계획한 일과를 제대로 수행하지 못한 채 작은 실패만 꾸준히 맛볼 필요는 없다. 차라리 생각보다 적은 양의 계획을 세우고 착실히 해낸 뒤 보너스로 조금 더 공부하고 스스로를 칭찬해주는 편이 정신건강에 좋다.

다만 사람이라면 누구나 계획을 처음 세울 땐 조금이나마 무모해진다. 멍청해서가 아니라 꿈을 이루고 싶은 마음에 동기 부여가 충분하고 미래에 대한 희망적인 열정이 가득하기 때문이다. 하지만 막상 꿈에 가까이 다가가는 길은 지겨우며 험난하고 고통스럽다는 사실도 반드시 기억해야 한다.

나도 한때는 말도 안 되는 계획을 세웠다. 매일 인터넷 강의를 여섯, 일곱 시간씩 듣고 노트 정리를 한 뒤 객관식 문제 50개를 풀고 풀이까지 완벽하게 마치겠다는 그런 계획. 물론 이게 가능한 사람도 있다. 초등학교 시절부터 꾸준히 앉아서 공부하는 버릇을 들인 사람들이 그렇다. 하지만 로스쿨 입학 전 7년 정도 공부를 쉬다가 다시 시작한 나에겐 불가능한 계획이었다. 게다가 나는 노트 정리나 객관식 문제 풀이도 상당히 공을 들여서 하는 편이라 보통 사람보다 훨씬 더 많은 시간을 투자해야 하므로 처음부터 이런 계획을 해낼 수 있을 리 만무했다.

무리한 계획을 세운 후, 아침에 일어나면 인터넷 강의를 몇 시간씩 들을 생각에 하루를 시작하기도 전에 한숨이 나오고 죽을 것만 같았다. 강의를 들을 때도 집중이 되지 않아서 어느새 멍 때리고 있는 자신을 발견할 때가 많았다. 요즘 흔히 '불멍(캠핑이 유행하며 등장한 신조어. 불을 보며 멍 때린다는 뜻)'이라고 하는데 나는 매일 '인멍', 인터넷 강의를 보면서 멍 때렸다. 그냥 멍하니 있는 걸로 모자라 잠들었던 적도 많았다. 언제 잠이 든 건지 기억조차 나지 않아서 강의의 절반은 거의 다시 들어야 했다. 그러다 보니 시간은 두 배로 드는데, 문제는 강의를 다 보고 나서도 내용이 전혀 기억이 나지 않아 노트 정리조차 할 수 없었다. 이렇게 난리를 치면서 계획은 계획대로 지키려고 하다 보니 수면 시간이 부족해서 매일 피곤했고 짜증이 가득한 상황이 이어졌다. 정말로 눈 밑 다크 서클이 턱까지 내려왔다.

결국 계획을 전격 수정했다. 일단 강의 양부터 반으로 확 줄였다. 서너 시간 정도 강의를 듣되, 속도를 2배속으로 해서 날리듯 보지 않고 1.5배속 정도로 조절하여 들으면서 동시에 노트 정리를 했다. 목표한 강의의 양이 줄어드니 부담도 같이 줄어들어서 아침에 일어났을 때 느끼던 압박감도 절반이 된 기분이 들었다.

이런 식으로 한 달 정도 진행한 후 스케줄에 익숙해진 다음에는 점차 양을 늘려갔다. 나중엔 하루에 열두 시간씩 공부하기도 했다. 힘은 들었지만 장기적으로 조금씩 양을 늘려가며 계획에 익숙해진 덕분에 포기할 정도로 힘들지는 않은 수준이 된 것이다.

초등학교, 중학교 내내 책상 앞에 한 시간 이상 앉아 있지 않았던 학생이 고3 때부터 갑자기 하루종일 공부하려면 무리가 올

수밖에 없다. 그렇기 때문에 계획을 짤 때는 첫째, 자기 자신의 능력치를 최대한 객관적으로 파악하고 고려해야 하며, 둘째, 점차 조금씩 양을 늘려가는 것이 중요하다. 그런 방식은 작은 성공을 여러 번 경험하게끔 해줌으로써 자기 자신을 향한 믿음을 키우는 길이 된다. 이를테면 초반 계획을 짤 때는 무조건 본인이 할 수 있는 양인 하루에 문제집 다섯 장만 풀겠다고 마음먹는 것이다. 그렇게 매일매일 지켜나가다 보면 아무리 적은 양이라도 목표한 것을 다 해냈다는 자신감과 뿌듯함이 생기게 된다. 분량의 적고 많음을 떠나 계획을 매일 지키는 것 또한 분명 대단한 일이다. 자신감이 붙었다면 한 달 뒤에 공부의 양을 더 늘리면 된다.

그렇게 되면 '나도 할 수 있구나. 계획대로 공부할 수 있구나. 이대로만 하면 시험 전까지 제대로 준비하고 시험을 잘 볼 수 있겠구나'라는 생각이 저절로 들고 긍정적인 마인드가 생겨날 것이다. 이는 해이해진 동기 부여를 강화하고 다음 날 일어나서 더 열심히 공부하겠다는, 활활 불타오르는 의지까지 가져다줄 것이다.

서동주의 합격 공부법

6개월 뒤 시험을 위한
3단계 계획

　공부할 땐 계획을 잘 세우는 것이 가장 중요하다. 계획만 제대로 세우면 그 후로는 아무 생각 없이 일정에 따라 그날그날 해야 할 일을 단순히 지키기만 하면 된다.

　보통 시험 날짜가 정해지면 나는 3단계로 나눈 계획표를 만든다. 6개월 후의 시험이라면 그 기간을 삼등분해서 세 종류의 계획표를 만드는데, 주로 1단계(3개월 분량), 2단계(2개월 분량), 그리고 3단계(1개월 분량)로 나누는 편이다.

1단계 계획(3개월) : 전 과목 훑기

1단계 계획은 전 과목을 훑는 것으로 시작한다. 인터넷 강의를 듣고 있다면 열 과목이든 스무 과목이든 간에 일단 강의를 처음부터 끝까지 다 듣는 것이 중요하다.

이때 강의의 속도는 2배속, 1.5배속 등 본인에게 편한 것으로 맞추면 된다. 수업을 다 듣고 나면 내용을 복습함과 동시에 핵심 노트 정리를 하고 (34쪽 참고) 시험에 나올 중요한 문제를 몇 개 정도 푼다. 객관식이라면 열 개 정도, 분량이 긴 논술식 혹은 주관식 문제는 한두 개 정도를 풀어본다.

한 과목만 계속해서 보면 지루하기 때문에 좋아하는 과목 하나, 싫어하는 과목 하나, 그리고 싫지도 좋지도 않은 과목 하나를 골라 하루에 총 세 과목 정도를 선택해 공부했다. 이런 식으로 하루에 적게는 아홉 시간 많게는 열두 시간 정도 학습하는 것이다. 그러다 보면 한 과목을 서너 시간 정도 공부하게 되는데 그 시간 중 인터넷 강의 듣기, 복습 및 핵심 노트 정리하기, 문제 풀기를 각각 2 : 1 : 0.5의 비율로 나누어 공부했다. 이 시기에 문제는 많이 풀지 않았다. 대신 모든 과목을 처음부터 끝까지 훑는다는 목표를 가지고 자칫 지루하고 졸릴 수 있는 기본 공부를 일단 정복해 나가는 것이 관건이다.

2단계 계획(2개월) : 싫어하는 과목 + 좋아하는 과목의 집중 학습

모든 과목을 한 번씩 훑었으니 2단계 계획은 복습 및 노트 정리 및 검토, 그리고 좀 더 많은 양의 문제 풀이와 오답 노트 정리로 채워나간다.

2단계 계획을 할 때는 모든 과목을 똑같이 대하기보다는 평소 자신이 싫어하는, '어려워하는 과목'에 시간을 좀 더 투자하면 좋다. 98쪽의 계획 예시를 보면 과목 1, 2는 평소 어려워서 싫어하는 것이고 과목 3, 4는 비교적 쉽다고 생각한 것이다. 아무래도 평소 쉽다고 생각한 과목을 주말에 공부하는 편이 마음의 평안을 주었기에 한 주의 마무리는 주로 과목 3, 4로 했다.

이 시기에 가장 중요한 것은 문제를 꼼꼼하게 풀고 그에 대한 풀이를 최대한 신경 써서 읽으며 이해하는 것이다. 문제 풀이를 볼 때는 틀린 문제만 보지 말고 맞은 문제도 한 번 더 읽고, 맞은 이유가 풀이의 내용과 일치하는지도 반드시 확인해야 한다. 문제 풀이를 본 후 틀린 문제는 따로 오답 노트를 만들어 정리해두자. 참고로 나는 편리성 때문에 노트 대신 컴퓨터의 워드프로세서에 내용을 작성했다. 노트, 컴퓨터, 휴대용 태블릿 등 본인에게 가장 편한 방법을 택해 정리하도록 하자.

3단계 계획(1개월) : 미친 듯이 보고 또 보기

마지막 3단계 때는 그야말로 스스로 '폭격기'가 된 듯 공부해야 한다. 이 시기에는 전 과목을 다 훑는 식의 공부를 하기보다는 이전에 이해가 가지 않았던 부분 혹은 틀렸던 문제를 중점적으로 복습하면서 공부를 온전히 내 것으로 만들기 위한 노력을 해야 한다.

그렇지만 2단계 때 살짝 등한시했던 핵심 노트의 내용은 무한 반복해서 읽고 외우는 게 좋다. 사람은 망각의 동물이라 조금만 방심해도 방금 외운 것마저 다 까먹기 마련이지만, 잊어버리는 양의 다섯 배, 열 배가 되는 분량을 머릿속에 집어넣는다면 분명 버려지는 양보다 남는 양이 더 많을 것이다. 그러므로 일단 무조건 '때려 박는' 공부를 해야 한다. 핵심 노트의 내용을 외우고 문제를 끝없이 풀다 보면 어느새 공부 머신이 된 자신을 발견하게 될 것이다.

'이만큼 공부하면 꽤 많이 한 것 아닌가'라는 생각은 집어치우고 '나 정말 미친 사람처럼, 후회도 할 수 없을 정도로 공부했다' 하는 말이 절로 나올 때까지 공부해보자.

3단계 계획표

공부를 한 뒤
체크한다.

• 1단계 계획

	1DAY		2DAY
과목 1	☐ 인터넷 강의 듣기 ☐ 복습 및 핵심 노트 정리 ☐ 문제 풀기(객관식 문제 10 개, 주관식 문제 1~2개)	과목 4	☐ 인터넷 강의 듣기 ☐ 복습 및 핵심 노트 정리 ☐ 문제 풀기
과목 2	☐ 인터넷 강의 듣기 ☐ 복습 및 핵심 노트 정리 ☐ 문제 풀기	과목 5	☐ 인터넷 강의 듣기 ☐ 복습 및 핵심 노트 정리 ☐ 문제 풀기
과목 3	☐ 인터넷 강의 듣기 ☐ 복습 및 핵심 노트 정리 ☐ 문제 풀기	과목 6	☐ 인터넷 강의 듣기 ☐ 복습 및 핵심 노트 정리 ☐ 문제 풀기

과목 1, 2 - **싫어하는 과목**
과목 3, 4 - **좋아하는 과목**

• **2단계 계획**

	1DAY		2DAY		3DAY
과목 1	☐ 핵심 노트 정리 및 읽기(처음부터 끝까지 읽을것) ☐ 문제 풀기(객관식 문제 50개, 주관식 문제 2개) ☐ 문제 풀이 보기 ☐ 틀린 문제만 모아서 따로 오답 노트 정리하기	과목 1	☐ 객관식 문제 100개 풀기 ☐ 문제 풀이 보기 ☐ 틀린 문제만 모아서 따로 오답 노트 정리하기	과목 3	☐ 핵심 노트 정리 및 읽기 ☐ 문제 풀기 ☐ 문제 풀이 보기 ☐ 틀린 문제만 모아서 따로 오답 노트 정리하기
		과목 2	☐ 객관식 문제 100개 풀기 ☐ 문제 풀이 보기 ☐ 틀린 문제만 모아서 따로 오답 노트 정리하기	과목 4	☐ 핵심 노트 정리 및 읽기 ☐ 문제 풀기 ☐ 문제 풀이 보기 ☐ 틀린 문제만 모아서 따로 오답 노트 정리하기

**싫어하는 과목에
더 많은 시간을 투자한다.**

어느 정도 학습이 됐다면 시간을 재고 문제를 풀자.

4DAY	5DAY	6DAY(주말)
과목 3 ☐ 객관식 문제 100개 풀기 ☐ 문제 풀이 보기 ☐ 틀린 문제만 모아서 따로 오답 노트 정리하기	**과목 1** ☐ 시간 재고 객관식 문제 150개 풀기 ☐ 문제 풀이 보기 ☐ 틀린 문제만 모아서 따로 오답 노트 정리하기	**과목 2** ☐ 시간 재고 객관식 문제 150개 풀기 ☐ 문제 풀이 보기 ☐ 틀린 문제만 모아서 따로 오답 노트 정리하기
과목 4 ☐ 객관식 문제 100개 풀기 ☐ 문제 풀이 보기 ☐ 틀린 문제만 모아서 따로 오답 노트 정리하기		

7DAY(주말)	
과목 3 ☐ 시간 재고 객관식 문제 50개 풀기 ☐ 문제 풀이 보기 ☐ 틀린 문제만 모아서 따로 오답 노트 정리하기	**과목 4** ☐ 시간 재고 객관식 문제 50개 풀기 ☐ 문제 풀이 보기 ☐ 틀린 문제만 모아서 따로 오답 노트 정리하기

한 주의 마무리는 좋아하는 과목으로!

- **3단계 계획**

	1DAY		2DAY
과목 1	☐ 핵심 노트 읽기 ☐ 객관식 문제 50개 풀기 ☐ 문제 풀이 보기 ☐ 틀린 문제만 모아서 따로 오답 노트 정리하기	과목 3	☐ 핵심 노트 읽기 ☐ 객관식 문제 50개 풀기 ☐ 문제 풀이 보기 ☐ 틀린 문제만 모아서 따로 오답 노트 정리하기
과목 2	☐ 핵심 노트 읽기 ☐ 객관식 문제 50개 풀기 ☐ 문제 풀이 보기 ☐ 틀린 문제만 모아서 따로 오답 노트 정리하기	과목 4	☐ 핵심 노트 읽기 ☐ 객관식 문제 50개 풀기 ☐ 문제 풀이 보기 ☐ 틀린 문제만 모아서 따로 오답 노트 정리하기
	3DAY		**4DAY**
과목 1	☐ 핵심 노트 읽고 외우기 ☐ 오답 노트 읽고 외우기	과목 1	☐ 객관식 문제 시간 재고 풀기 ☐ 문제 풀이 보기 ☐ 틀린 문제만 모아서 따로 오답 노트 정리하기
과목 2	☐ 핵심 노트 읽고 외우기 ☐ 오답 노트 읽고 외우기	과목 2	☐ 객관식 문제 시간 재고 풀기 ☐ 문제 풀이 보기 ☐ 틀린 문제만 모아서 따로 오답 노트 정리하기

서동주의 합격 공부법

필요한 문장만
고르는 법

    나는 예습과 복습을 좋아하는 편이다. 예습과 복습이라고 하면 뭔가 거창한 것 같고 부담스러울 수 있는데 실은 그냥 두세 번 정도 가볍게 읽는 것이 전부다.

    평소 나는 예습 차원에서 수업을 듣기 전날 내일 배울 내용을 미리 읽고, 수업을 듣고 집에 돌아온 당일 저녁에 다시 한 번 같은 내용을 반복해서 읽으며 복습하는 것을 즐겨 한다. 미리 읽은 뒤 또 한 번 더 읽으면 큰 노력을 하지 않아도 저절로 상당 부분이 외워진다.

    예습과 복습을 자주 하다 보니 나름대로 어떻게 하면 더 효율적으로 공부할 수 있을지 궁리하게 됐다. '어떻게 하면 글을 제대로 이해함과 동시에 빨리 읽을 수 있을까?' 그래서 그동안 시도해 본 것 중 가장 효과적이었던 방법들을 소개한다.

처음부터 끝까지 훑어보기

본격적으로 읽기 전, 처음부터 끝까지 훑어본 후 다시 앞으로 돌아가 글을 읽는 것이 오히려 속도를 늦추는 것은 아닐까 싶을 수도 있지만 전혀 그렇지 않다. 오히려 스피드 있게 한 번 훑어보는 동안 내가 앞으로 읽을 내용이 무엇인지에 대한 기댓값이 생길 것이다. 더불어 추후 예상치 못한 주제나 내용에 놀라거나 헷갈려서 읽는 속도가 느려지는 일을 피할 수 있다.

속으로 읽은 건 읽은 것이 아니다

속으로 읽는 것이야말로 우리가 글을 읽을 때 가장 피해야 하는 자세다. 마음속으로 보기만 하면 빨리 읽을 수도, 내용을 제대로 파악할 수도 없다. 이렇게 하는 것에 익숙해진 사람이라면 '내가 속으로 읽고 있구나'라고 느끼는 순간 얼른 멈추는 버릇을 들이는 게 좋다. 그리고 내 경우에는 글을 읽을 때 잔잔한 기타 음악을 듣는다거나 껌을 씹는 등의 방법도 효과적이었다.

종이로 가리고 다시 읽기

읽기에 집중이 안되거나 속도가 느려지는 것을 느낄 때 나는 공책이나 다른 종이로 읽은 부분을 가려버린다. 한 줄 한 줄씩 가려가며 글을 읽으면 눈에 보이는 부분에만 집중할 수 있어서 읽기가 한결 쉬워진다. 게다가 이러한 과정에 익숙해진 후에는 종이로 글을 가리는 속도를 점점 빠르게 함으로써 의도적으로 읽는 스피드까지 조절할 수 있었다.

첫 문장과 마지막 문장은 반드시 봐라

아무래도 사람이다 보니 해야 할 일을 하루 이틀씩 미루다 보면 어쩔 수 없이 많은 양의 글을 한 번에 읽어야 하는 경우가 생긴다. 이런 상황이 오면 압도적인 양에 지레 겁을 먹고 포기해버리기 십상이지만 사실 첫 문장과 마지막 문장만 읽으면 어떠한 긴 글도 쉽게 빨리 읽을 수 있으니 포기하지 말았으면 한다.

아래의 토플 문제 예시를 보도록 하자. 참고로 영어 지문이므로 억지로 읽지 않아도 괜찮다. 그냥 훑어만 봐도 되고, 뒷부분의 우리말 설명만 참고해도 좋다.

The Rise of Teotihuacán

The city of Teotihuacán, which lay about 50 kilometers northeast of modern-day Mexico City, began its growth by 200 -100 B.C. At its height, between about A.D. 150 and 700, it probably had a population of more than 125,000 people and covered at least 20 square kilometers. It had over 2,000 apartment complexes, a great market, a large number of industrial workshops, an administrative center, a number of massive religious edifices, and a regular grid pattern of streets and buildings. Clearly, much planning and central control were involved in the expansion and ordering of this great metropolis. Moreover, the city had economic and perhaps religious contacts with most parts of Mesoamerica(modern Central America and Mexico).

How did this tremendous development take place, and why did it happen in the Teotihuacán Valley? Among the main factors are Teotihuacán's geographic location on a natural trade route to the south and east of the Valley of Mexico, the obsidian1 resources in the

Teotihuacán Valley itself, and the valley's potential for extensive irrigation. The exact role of other factors is much more difficult to pinpoint —for instance, Teotihuacán's religious significance as a shrine, the historical situation in and around the Valley of Mexico toward the end of the first millennium B.C., the ingenuity and foresightedness of Teotihuacán's elite, and, finally, the impact of natural disasters, such as the volcanic eruptions of the late first millennium B.C.

This last factor is at least circumstantially implicated in Teotihuacán's rise. Prior to 200 B.C., a number of relatively small centers coexisted in and near the Valley of Mexico. Around this time, the largest of these centers, Cuicuilco, was seriously affected by a volcanic eruption, with much of its agricultural land covered by lava. With Cuicuilco eliminated as a potential rival, any one of a number of relatively mo dest towns might have emerged as a leading economic and political power in Central Mexico. The archaeological evidence clearly indicates, though, that Teotihuacán was the center that did arise as the predominant force in the area by the first century A.D.

It seems likely that Teotihuacán's natural resources—along with the city elite's ability to recognize their potential — gave the city a competitive edge over its neighbors. The valley, like many other places in Mexican and Guatemalan highlands, was rich in obsidian. The hard volcanic stone was a resource that had been in great demand for many years, at least since the rise of the Olmecs (a people who flourished between 1200 and 400 B.C.), and it apparently had a secure market. Moreover, recent research on obsidian tools found at Olmec sites has shown that some of the obsidian obtained by the Olmecs originated near Teotihuacán. Teotihuacán obsidian must have been recognized as a valuable commodity for many centuries before the great city arose.

Long-distance trade in obsidian probably gave the elite residents of Teotihuacán access to a wide variety of exotic goods, as well as a relatively prosperous life. Such success may have attracted immigrants to Teotihuacán. In addition, Teotihuacán's elite may have consciously attempted to attract new inhabitants. It is also probable that as early as 200 B.C. Teotihuacán may have achieved some religious significance and its shrine (or shrines) may have served as an additional population magnet. Finally, the growing population was probably fed by increasing the number and size of irrigated fields.

The picture of Teotihuacán that emerges is a classic picture of positive feedback among obsidian mining and working, trade, population growth, irrigation, and religious tourism. The thriving obsidian operation, for example, would necessitate more miners, additional manufacturers of obsidian tools, and additional traders to carry the goods to new markets. All this led to increased wealth, which in turn would attract more immigrants to Teotihuacán. The growing power of the elite, who controlled the economy, would give them the means to physically coerce people to move to Teotihuacán and serve as additions to the labor force. More irrigation works would have to be built to feed the growing population, and this resulted in more power and wealth for the elite.[1]

보기만 해도 방대한 양에 순식간에 스트레스가 쌓일 것이다.
이럴 때 모든 문단의 첫 문장과 끝 문장만 따로 표시하고 읽어보
면 어떨까? (마찬가지로 읽지 않아도 좋다) 편의를 위해 색으로 칠한
부분만 읽으면 된다.

The city of Teotihuacán, which lay about 50
kilometers northeast of modern-day Mexico City, began
its growth by 200 -100 B.C. At its height, between about
A.D. 150 and 700, it probably had a population of more
than 125,000 people and covered at least 20 square
kilometers. It had over 2,000 apartment complexes, a
great market, a large number of industrial workshops,
an administrative center, a number of massive religious
edifices, and a regular grid pattern of streets and
buildings. Clearly, much planning and central control
were involved in the expansion and ordering of this
great metropolis. Moreover, the city had economic
and perhaps religious contacts with most parts of
Mesoamerica(modern Central America and Mexico).

How did this tremendous development take place,

and why did it happen in the Teotihuacán Valley? Among the main factors are Teotihuacán's geographic location on a natural trade route to the south and east of the Valley of Mexico, the obsidianl resources in the Teotihuacán Valley itself, and the valley's potential for extensive irrigation. The exact role of other factors is much more difficult to pinpoint —for instance, Teotihuacán's religious significance as a shrine, the historical situation in and around the Valley of Mexico toward the end of the first millennium B.C., the ingenuity and foresightedness of Teotihuacán's elite, and, finally, the impact of natural disasters, such as the volcanic eruptions of the late first millennium B.C.

This last factor is at least circumstantially implicated in Teotihuacán's rise. Prior to 200 B.C., a number of relatively small centers coexisted in and near the Valley of Mexico. Around this time, the largest of these centers, Cuicuilco, was seriously affected by a volcanic eruption, with much of its agricultural land covered by lava. With Cuicuilco eliminated as a potential rival, any one of a number of relatively modest towns might have emerged as a leading economic and political power in

Central Mexico. The archaeological evidence clearly indicates, though, that Teotihuacán was the center that did arise as the predominant force in the area by the first century A.D.

It seems likely that Teotihuacán's natural resources—along with the city elite's ability to recognize their potential — gave the city a competitive edge over its neighbors. The valley, like many other places in Mexican and Guatemalan highlands, was rich in obsidian. The hard volcanic stone was a resource that had been in great demand for many years, at least since the rise of the Olmecs (a people who flourished between 1200 and 400 B.C.), and it apparently had a secure market. Moreover, recent research on obsidian tools found at Olmec sites has shown that some of the obsidian obtained by the Olmecs originated near Teotihuacán. Teotihuacán obsidian must have been recognized as a valuable com modity for many centuries before the great city arose.

Long-distance trade in obsidian probably gave the elite residents of Teotihuacán access to a wide variety of exotic goods, as well as a relatively prosperous life. Such success may have attracted immigrants to Teotihuacán. In addition, Teotihuacán's elite may have consciously attempted to attract new inhabitants. It is also probable that as early as 200 B.C. Teotihuacán may have achieved some religious significance and its shrine (or shrines) may have served as an additional population magnet. Finally, the growing population was probably fed by increasing the number and size of irrigated fields.

The picture of Teotihuacán that emerges is a classic picture of positive feedback among obsidian mining and working, trade, population growth, irrigation, and religious tourism. The thriving obsidian operation, for example, would necessitate more miners, additional manufacturers of obsidian tools, and additional traders to carry the goods to new markets. All this led to increased wealth, which in turn would attract more immigrants to Teotihuacán. The growing power of the elite, who controlled the economy, would give them the means to physically coerce people to move to Teotihuacán and serve as additions to the labor force. More irrigation works would have to be built to feed the growing population, and this resulted in more power and wealth for the elite.

아니, 시간이 없으니 모든 문단을 볼 필요도 없이 첫 문단과 마지막 문단의 시작 문장과 마무리 문장만 보자. 편의를 위해 해석을 달아놓았으니 우리말로 적힌 부분만 봐도 된다.

첫 문단

(1) The city of Teotihuacán, which lay about 50 kilometers northeast of modern-day Mexico City, began its growth by 200 -100 B.C. At its height, between about A.D. 150 and 700, it probably had a population of more than 125,000 people and covered at least 20 square kilometers. It had over 2,000 apartment complexes, a great market, a large number of industrial workshops, an administrative center, a number of massive religious edifices, and a regular grid pattern of streets and buildings. Clearly, much planning and central control were involved in the expansion and ordering of this

great metropolis. (2) Moreover, the city had economic and perhaps religious contacts with most parts of Mesoamerica(modern Central America and Mexico).

(1) 오늘날의 멕시코시티에서 북동쪽으로 약 50킬로미터 떨어진 곳에 위치한 테오티우아칸 시는 기원전 200~100년부터 성장하기 시작했다. 이 도시가 전성기를 이루었던 기원후 150에서 700년 사이에 인구는 아마 12만 5000명이 넘었던 것으로 보이며, 면적은 최소한 20제곱킬로미터에 달했다. 이곳에는 2000개가 넘는 공동 주택 단지, 큰 시장, 여러 산업 작업장, 행정 기관, 수많은 종교적 건축물 그리고 균일한 격자 모양의 거리들과 건물들이 있었다. (2) 분명 이 굉장한 대도시의 확장과 배치에는 여러 가지 계획과 중앙 통제가 관련되어 있었다. 또한 이 도시는 메소아메리카(현재 중앙 아메리카 및 멕시코) 대부분의 지역과 경제적 교류를 했으며, 아마도 종교적으로도 접촉한 것으로 보인다.

마지막 문단

(3) The picture of Teotihuacán that emerges is a classic picture of positive feedback among obsidian mining and working, trade, population growth, irrigation,

and religious tourism. The thriving obsidian operation, for example, would necessitate more miners, additional manufacturers of obsidian tools, and additional traders to carry the goods to new markets. All this led to increased wealth, which in turn would attract more immigrants to Teotihuacán. The growing power of the elite, who controlled the economy, would give them the means to physically coerce people to move to Teotihuacán and serve as additions to the labor force. (4) More irrigation works would have to be built to feed the growing population, and this resulted in more power and wealth for the elite.

(3) 테오티우아칸 하면 떠오르는 그림은, 흑요석 채굴과 작업, 무역, 인구 증가, 관개, 종교 관광이 서로 어떻게 양성 되먹임(특정 현상이나 반응으로 인해 산물이 생성되면, 산물에 의해 현상 또는 반응이 더욱 촉진되는 경우)의 작용을 하는지 보여주는 것이다. 이를테면, 흑요석 산업의 번성으로 더 많은 광부, 흑요석 도구를 만드는 더 많은 제조업체, 새로운 시장들로 상품을 운송하기 위한 더 많은 무역업자가 필요하게 되었다. 이 모든 것은 부의 증가로 이어졌고, 결과적으로 더 많은 이주민이 테오티우아칸으로 모여들었다. 경제를 지배한 엘리트 계층의 힘이 커지면서,

그들에게는 노동력에 보탬이 되게끔 테오티우아칸으로 이주하도록 사람들을 물리적으로 위압할 수 있는 수단이 생겼다. (4) 증가하는 인구의 식량 공급을 위해 관개 공사가 더 많이 이루어져야 했으며, 이는 엘리트 계층에게 더 많은 힘과 부를 가져다주었다.

이렇게 총 네 문장만 보아도 뜻이 얼추 이해된다. 요약하자면 테오티우아칸시는 흑요석 산업을 통해 크게 발전했던 도시인데, 이 산업은 부유한 엘리트에게 더 많은 부와 권력을 주기도 했기 때문에 꼭 긍정적인 면만 있었던 것은 아니라는 내용이다.

글의 나머지 부분은 제대로 읽지 않아도 대충 어떻게 테오티우아칸시가 발전할 수 있었는지, 그리고 흑요석 산업에 관한 더 자세한 내용이 담겨 있으리라는 것까지 예측할 수 있다.

이렇듯 각 문단의 시작 문장과 마무리 문장만 읽거나, 정 급하면 첫 문단과 마지막 문단의 시작 문장과 마무리 문장만 읽어도 글의 전체적인 내용을 어렵지 않게 유추할 수 있다. 예습과 복습을 한다고 해서 모든 단어를 읽는 것이 중요한 게 아니라 오히려 이런 식으로 전체적인 그림을 파악하는 것이 공부에 더 큰 도움이 된다. 앞으로는 어떤 교재를 보든 간에 방대한 양에 부담 갖지 말고 위의 방법을 이용한 빠른 속도의 예습·복습을 습관화 하면 좋겠다.

억지로 외우긴 싫지만
시험은 잘 보고 싶어

학습법 책들이 공통적으로 하는 말이 있다. 암기는 '반복'을 해줘야 한다는 사실이다.

마치 신기루처럼 사라지는 단기 기억이 장기 기억으로 바뀌려면 반복적으로 학습하고 조직화하는 과정이 필요하다. 이는 어떻게 해야 하는 것일까?

나는 공부할 때 억지로 외워서는 효과를 본 적이 거의 없었고, 대신 같은 내용을 여러 번 '통독'하는 방법 위주로 학습했을 때 가장 좋은 결과를 봤다. 하지만 무작정 여러 번 통독하기보다는 읽을 때마다 '소금 한 꼬집'만큼의 변화를 주었을 때 놀라운 결과를 얻을 수 있었다.

1단계	아무 생각 없이 읽는 단계. 이해가 가지 않아도 괜찮다. 이해가 아닌 '읽기'에 방점을 둬야 한다. 일단 쭉쭉 읽어나가자.
2단계	1단계처럼 아무 생각 없이 쭉쭉 읽되 이해가 가지 않는 부분은 텍스트 옆 빈 공간에 체크 표시를 한다.
3단계	전체적으로 읽되 2단계에서 이해가 가지 않아 체크한 부분은 두 번씩 읽는다. 이때 이해가 가지 않는 내용이 새롭게 생긴다면 마찬가지로 빈 공간에 체크 표시를 한다.
4단계	아직도 이해가 가지 않는 부분이 있다면 자세히 읽는다. 읽는 속도는 느려도 괜찮다. 내용이 정 이해가 되지 않으면 다른 자료도 찾아보도록 한다. 찾아본 자료 중 이해를 돕는 내용은 간단히 정리하여 빈 공간에 적거나 포스트잇에 써서 붙여놓는다.
5단계	처음과 똑같이 이해하려 하지 말고 쭉쭉 읽어나간다. 이해하지 못한 부분이 있다면 체크 표시는 하되 이번에는 그냥 넘어간다. 예전에 이해하지 못한 부분이 아직도 이해되지 않는다면 체크 표시 정도만 하나 더해서 구별할 수 있도록 한다.
6단계	이제 이해가 된 부분은 건너뛰고 읽어도 된다. 하지만 여전히 이해되지 않는 부분은 천천히 집중해서 읽는다.
7단계	잘 아는 부분은 건너뛰고, 이해가 되지 않는 부분을 중점적으로 생각하며 읽고 여전히 이해가 되지 않는 부분만 골라내어 노트에 따로 정리한다.

> 각 단계 사이에 하루나 이틀의 간격을 둔다.

참고로 노트에 정리할 때는 장제목이나 소제목을 붙이는 것도 중요하지만, 나는 해당 내용이 책이나 교과서, 문제집 등의 몇 페이지에 나온 것인지 정확하게 적는다. 그러면 노트를 읽다가 원래 내용과 비교하고 싶을 때 바로 쉽게 찾아볼 수 있기 때문이다. 기억하자. 공부는 시간과의 싸움이다. '지금'의 내가 하는 행동이 '미래'의 나의 시간을 최대한 아껴주는 방식으로 정리를 해야 한다.

이러한 공부 방법을 쓸 때 가장 중요한 것이 있는데, 바로 통독의 각 단계 사이에 '시간 차'를 주는 것이다. 《하버드 비즈니스 리뷰Harvard Business Review》에 따르면 빠른 시간 안에 단기 기억을 장기 기억으로 만들기 위해서는 '간격 학습Spaced learning'을 해야 한다고 한다. 이는 쉬지 않고 공부나 암기를 하기보다는 중간중간 의도적으로 휴식 시간을 갖거나 다른 행동을 함으로써 '기억의 컵'이 비워질 기회를 주면 오히려 암기하고자 했던 정보를 더 빨리 습득할 수 있다고 한다.[2]

나 역시 통독을 할 때는 각 단계마다 적어도 하루에서 이틀 정도의 간격을 두었다. 대신 일주일 이상 쉬게 되면 잊어버리는 양이 늘어나서 속도가 나지 않았다. 그러므로 하루나 이틀 정도, 무조건 일주일 미만의 간격을 두는 것을 추천한다.

운동을 할 때도 한 세트를 한 후 1~2분간 쉬었다가 다시 반복했을 때 근력이 발달하고 근성장이 촉진된다. 공부도 마찬가지다. 무조건 학습 내용에 집중하기보다는 때론 구체적이고 전략적인 휴식 시간을 적시에 취해주어야 뇌가 습득하는 공부의 양이 늘어난다.

전략적인 간격을 둔 통독 암기법, 그동안 암기 과목의 시험을 치를 때마다 나에게 가장 큰 도움이 되었던 방법 중 하나다. 이 방법이 없었다면 지금의 나도 없을 것이다.

일단
목차부터 따라 쓰자

한 과목이나 특정 분야를 공부하기 위해 교과서나 책을 펴면 대부분이 목차를 건너뛰고 바로 내용부터 읽곤 한다. 그러나 나는 늘 책의 가장 처음을 장식하는 목차를 굉장히 신경 써서 읽을 뿐 아니라 아예 통째로 외워버린다.

목차란 수십 번의 편집 과정을 걸쳐 요약된 전체 내용의 구조다. 그렇기 때문에 목차를 통해 전체 구성을 파악하는 것이야말로 최소한의 시간을 투자하면서 내용의 본질을 알아낼 수 있는 가장 좋은 방법이라고 할 수 있다.

게다가 목차를 외우면 머릿속에 '설계도' 같은 것이 자연스럽게 그려져서 공간에 따라 각각 다른 콘셉트의 가구를 채워 넣을 수 있다. 머릿속에 설계된 방마다 알맞은 내용을 채워 넣으면 되는 것이다. 요즘 흔히들 말하는 '빅 픽처Big picture'가 머릿속에 있어야 효율적인 정보 습득이 가능해진다. 게다가 이렇게 공부해두면 긴장하거나 컨디션이 나쁘다고 해서 외웠던 부분을 까먹는 일도 줄어든다.

그래서 목차를 노트에 정리하는 것이 바로 공부의 시작이자 핵심이다. 사실 사람마다 노트를 정리하는 방법이 제각각이겠지만, 나는 주로 목차를 활용해서 쓴다(참고로 이는 1장에서 말한 '핵심 노트'를 만드는 첫 단계라고 할 수 있다).

예를 들어 나의 『민사소송법Civil Procedure』 교재의 목차 일부를 같이 보도록 하자. 참고로 예시일 뿐이니 내용이 아닌 노트를 정리한 방법 위주로 보면 된다.

예시

[기본 목차]

4장: 사물관할권

A. 개요

B. 연방법원의 사물관할권

    1. 연방법원 사물관할권의 헌법적·법적 차원

        문제 4-1 ~ 4-2

    2. 연방문제 관할권

      a. 3조 '연방법 관련 발생 문제' 관할권

      b. 법적 '연방법 관련 발생 문제' 관할권: 미국 지방법원의 연방문제 관할권

        형성 기준

        메모 및 질문

        문제 4-3 ~ 4-4

        연방법 관련 문제 구성의 기본 기준

        사례 #1

        메모 및 질문

        문제 4-5 ~ 4-7

        적정 소장의 원칙

        사례 #2

        메모 및 질문

미국 내 주요 사업장을 가진 외국 기업 관련 비고

국외에 주요 사업장을 가진 미국 기업 관련 비고

d. 청구 금액

사례 #7

메모 및 질문

청구 합산^{**} 관련 비고

확인 청구 또는 금지명령 구제 소송의 청구 금액 산출 관련 비고

노트 정리는 일단 목차를 한 번 훑어본 후, 이를테면 예시 문제 같은 포함시킬 필요가 없어 보이는 것들을 제한 뒤 나머지 부분을 골라 쓰거나 타이핑하는 것으로 시작한다.

• 원고 구성원 중 최소 한 명 이상이 피고 구성원 중 최소 한 명 이상과 다른 주의 주민이어야 하는 요건을 말한다.

•• 한 명의 원고가 한 명의 피고를 상대로 서로 다른 여러 건의 민사 청구 소송을 낸 경우, 청구 금액을 합산하는 것을 말한다.

먼저 아래처럼 필요 없는 부분인 '문제'와 '사례'에 줄을 그어 표시해보겠다(이때 손으로 직접 쓸 수도 있지만 나는 노트 정리를 여러 번 수정하기 때문에 편의를 위해 늘 컴퓨터에 옮긴다).

[1차 : 필요 없는 내용 제거하기]

4장: 사물관할권

A. 개요

B. 연방법원의 사물관할권

    1. 연방법원 사물관할권의 헌법적·법적 차원

        문제 4-1-4-2

    2. 연방문제 관할권

        a. 3조 '연방법 관련 발생 문제' 관할권

        b. 법적 '연방법 관련 발생 문제' 관할권: 미국 지방법원의 연방문제 관할권

        형성 기준

        메모 및 질문

        문제 4-3-4-4

        연방법 관련 문제 구성의 기본 기준

        사례 #1

사례 #5

메모 및 질문

문제 4 16 - 4 17

사례 #6

이중 국적 미국 시민 관련 비고

미국 내 주요 사업장을 가진 외국 기업 관련 비고

국외에 주요 사업장을 가진 미국 기업 관련 비고

문제 4 18 - 4 19

d. 청구 금액

사례 #7

메모 및 질문

청구 합산 관련 비고

문제 4 20 - 4 21

확인 청구 또는 금지명령 구제 소송의 청구 금액 산출 관련 비고

문제 4 22

[1차 제거 작업을 마친 목차]

4장: 사물관할권

B. 연방법원의 사물관할권

  1. 연방법원 사물관할권의 헌법적·법적 차원

2. 연방문제 관할권

   a. 3조 '연방법 관련 발생 문제' 관할권

   b. 법적 '연방법 관련 발생 문제' 관할권: 미국 지방법
      원의 연방문제 관할권

      형성 기준

      연방법 관련 문제 구성의 기본 기준

      적정 소장의 원칙

      확인 판결과 적정 소장의 원칙 관련 비고

      동시 및 독점적 연방 관할권 관련 비고

   c. 대법원과 미국 항소법원의 법적 관할권

3. 복수주 간 관할권

   b. 서로 다른 주의 시민 간의 소송

      최소한의 주적상이를 허용하는 법령

   c. 외국인 관련 사건

      이중 국적 미국 시민 관련 비고

      미국 내 주요 사업장을 가진 외국 기업 관련 비고

      국외에 주요 사업장을 가진 미국 기업 관련 비고

   d. 청구 금액

      청구 합산 관련 비고

      확인 청구 또는 금지명령 구제 소송의 청구 금액 산
      출 관련 비고

느꼈겠지만 이렇게 다시 옮겨 적는 작업만 해도 그 과정에서 목차를 두세 번 정도 읽게 되고, 머릿속에 큰 그림이 그려진다. 여기까지 왔다면 이제 줄일 수 있는 내용은 최대한 줄여서 공간 확보에 나서도록 하자.

이때 중요한 점은 '나만 알아보면 되는 것'이다. 긴 단어나 문장은 과감하게 줄여도 좋지만 대신 스스로 알아보지 못할 정도로 축약하지는 않기로 한다.

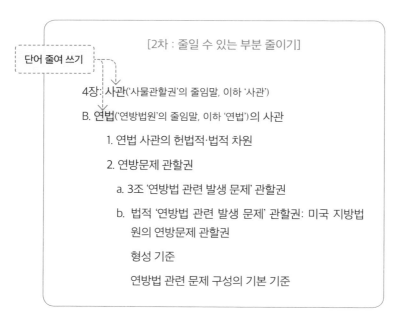

[2차 : 줄일 수 있는 부분 줄이기]

단어 줄여 쓰기

4장: 사관('사물관할권'의 줄임말, 이하 '사관')

B. 연법('연방법원'의 줄임말, 이하 '연법')의 사관

　1. 연법 사관의 헌법적·법적 차원

　2. 연방문제 관할권

　　a. 3조 '연방법 관련 발생 문제' 관할권

　　b. 법적 '연방법 관련 발생 문제' 관할권: 미국 지방법원의 연방문제 관할권

　　형성 기준

　　연방법 관련 문제 구성의 기본 기준

적정 소장의 원칙

확인 판결과 적정 소장의 원칙 관련 비고

동시 및 독점적 연방 관할권 관련 비고

c. 대법원과 미국 항소법원의 법적 관할권

3. 복수주 간 관할권

　b. 서로 다른 주의 시민 간의 소송

최소한의 주적상이를 허용하는 법령

　c. 외국인 관련 사건

이중 국적 미국 시민 관련 비고

미국 내 주요 사업장을 가진 외국 기업 관련 비고

국외에 주요 사업장을 가진 미국 기업 관련 비고

　d. 청구 금액

청구 합산 관련 비고

확인 청구 또는 금지명령 구제 소송의 청구 금액 산
출 관련 비고

처음의 기본 목차와 2차까지 정리된 목차를 비교해 보면 길이
가 반 이상 줄어 있음을 알 수 있다.

　목차를 최대한 간결하게 만든 상태에서 본문을 다시 읽어보
도록 하자. 그다음 목차에 살을 붙이는 작업을 하는 것이다. 내용

을 추가하는 과정 중에는 본인이 생각할 때 하나로 묶어도 되는 부분은 과감하게 묶고, 필요 없어 보이거나 이미 아는 내용은 과감하게 쳐내도 된다. 참고로 나는 내 기준에 너무 세세하다고 생각되는 부분은 넣지 않는다.

한 가지 더, 노트를 만들다 보면 내용을 보기 좋게 정리하기 위해서 번호를 매기게 되거나, 원이나 네모 등의 각종 글머리 기호를 넣게 되는데, 이는 다시 여러 번 바뀌기도 한다. 일단 그런 점은 크게 신경 쓰지 말고 내용에만 집중하도록 하자.

[3차 : 최종 정리하고 목차에 살 붙이기]

사관

연법의 사관

1. 연법은 제한적인 사관을 갖고 있다 → 연방문제 관할권 또는 복수주 간 관할권에서.

2. 연방문제 관할권

   a. 3조 '연방법 관련 발생 문제' : 원고의 소장 청구가 연방법에 따라 발생할 경우 연법은 사관을 가질 수 있다.

   • 형성 기준: 소인을 형성하는 법률에 따라 발생한 소송이어야 한다.

- 연방법 관련 문제 구성의 기본 기준
  - 청구에 포함되어 있는가?
  - 실제로 분쟁이 일어났나?
  - 연법과 관계가 있는가?
  - 의회 권한으로 할당한 주법원과 연법 사이의 관할권을 침해할 소지가 있는가?
- 적정 소장의 원칙
  - 소장의 내용은 연방문제를 포함해야 한다. 예견된 항변 혹은 실제적 항변이 연방문제를 내포하는 것만으로는 불충분하다.
- 확인 판결
  - = 재판 전에 당사자 간의 법적 관계와 권리 관계를 규정하는 법원의 구속력 있는 판단.
- 동시 및 독점적 연방 관할권
  - 연방법 관련 사건의 대부분 유형에 대해 연법과 주법원은 '동시적'으로 관할권을 갖는다고 본다(두 시스템의 법원 모두 이러한 사건에 관할권을 가질 수 있다).
  - 예외 : 특허 침해, 파산, 일부 연방 증권 및 독점 금지 청구 등

3. 복수주 간 관할권

연법은 서로 다른 주의 시민 간의 소송 및 외국인 관련 소송에 대한 사관을 갖는다.

완전한 주적상이 : 서로 다른 주의 시민 간에 발생한 소송 또는 미국 시민과 외국인 간에 발생한 소송

a. 서로 다른 주의 시민 간의 소송

- 완전한 주적상이는 모든 원고와 피고가 서로 다른 주의 시민일 때 나타난다. 주적상이는 사건 접수 시 평가된다!!!
- 거주지 기준
  ◦ 지속적으로 거주할 의사
- 회사
  ◦ 기업 시민권 = 법인 설립 상태 및 주요 사업장 (본사 기준)

b. 외국인

- 연법은 두 명의 외국인이 서로 고소하는 사건에 대해 사관이 없다. → 비시민권자 관할권이 인정되려면 당사자 중 한 명은 미국 시민이고 다른 한 명은 외국 국적을 가지고 있어야 한다.
- 해외에 거주하는 미국 시민은 주적상이 요건 수입의 대상이 아니다.

c. 청구 금액 : 청구 금액은 $75000 이상이어야 한다.

청구 합산

- 원고는 단일 피고에 대한 청구를 합산할 수 있다. 그러나 공동권리 청구의 경우 이외에는 모든 피

고에 대한 요건을 합산 없이 충족해야 한다.

형평적인 구제 및 금지명령

- 피고에 대한 금지명령을 받으려 하는 원고는 다음 각 호의 어느 하나에 해당하는 경우 청구 금액 요건을 충족한다.
  - (1) 원고의 관점 : 금지명령이 없음으로 인해 원고의 재산에 가해진 손해가 $75000를 초과한다.
  - (2) 피고의 관점 : 금지명령에 따를 경우, 피고에게 야기될 손해가 $75000를 초과할 것이다.

제거하고, 줄이고, 살을 붙이는 3단계 과정을 거쳐 이것으로 노트 초안 작업이 끝났다. 말 그대로 초안이므로 여기서 끝이 아니다. 앞으로 시험 예상 문제를 풀게 되면 의외로 내가 중요하게 생각하지 않았던 부분을 발견하여 노트에 더하게 되거나, 혹은 반대로 중요하다고 생각해서 넣었는데 알고 보니 별것 아니었던 부분을 빼는 작업을 여러 번 하게 될 것이다. 이로써 나만의 핵심 노트가 완성된다. 노트를 여러 번 정리하게 되면 내용도 절로 이해되고 내가 완벽하게 숙지한 부분 또는 제대로 이해하지 못하고 있는 부분 등을 알게 될 것이다.

공부의 첫 시작, 노트 정리를 성공적으로 마쳤다면 일단 한숨을 돌리자. 이제부터가 시작이다!

당신은
가짜 수포자다

무조건 외워서만은 해결할 수 없는 수학이나 물리처럼 이해를 요구하는 과목은 접근 방법부터 달라야 한다.

수학·과학은 본격적으로 공부에 뛰어들기 전에 도대체 이 과목은 왜 배우는지, 익힌 것을 실생활의 어디에 사용하게 되는지부터 짚고 넘어가는 것이 중요하다. 그래야 큰 그림을 그려가며 왜 이 문제가 시험에 나올 확률이 높은 건지, 그리고 어떤 식으로 풀어가면 될지를 예측할 수 있기 때문이다.

예를 들어 미적분학을 배운 사람이라면 이 과목의 쓸모는 대체 무엇인지 궁금했던 기억이 있을 것이다. 미분이나 적분 따위를 배워봤자 결국 어른이 되면 써먹을 일도 없을 텐데 말이다. 이런 생각을 자꾸 하다 보면 결과적으로 미적분학이라는 주제 자체에 무관심해질 수밖에 없다. 그래서인지 실리콘밸리에서 잘나가는 소프트웨어 엔지니어 중에서도 자신은 미적분학에 흥미가 없다며 그 사실을 주저하지도 않고 당당하게 인정하는 이들이 꽤 있다.

그렇다면 도대체 미적분학은 왜 배우는 것일까? 이 질문에 대답하기 위해선 '미적분학이 무엇일까?'라는 질문에 대한 답을 먼저 생각해야 한다. 잘 알려져 있듯 미적분학에 대한 공식적인 연구는 17세기부터 아이작 뉴턴Isaac Newton이나 고트프리트 라이프니츠Gottfried Leibniz와 같은 유명한 과학자와 수학자에 의해 시작되었지만 일찍이 그리스 시대부터 사용되었다고도 한다. 그리고 주로 함수·한계 등과 관련된 수학적 학문이니만큼 현실 세계에서 수많은 방식으로 널리 쓰이고 있다. 미적분을 사용하는 학문 중에는 물리·공학·경제·통계·의학이 있는데, 주로 최적의 솔루션에 도달하기 위한 수학적 모델을 만드는 데 적용된다. 전자기학 및 아인슈타인의 상대성 이론을 포함한 고급 물리학 개념도 미적분학을 사용한다.

구체적으로는 다음과 같은 분야에 쓰인다. 화학에서는 미적분을 통해 반응 속도 및 방사성 붕괴 함수를 예측하고, 생물학에서는 출생 및 사망률과 같은 비율을 공식화할 수 있으며, 경제학에서는 한계 비용과 한계 수익을 계산하는 데 적용한다. 이외에도 미적분학의 응용 분야는 끝이 없다. 이만큼 중요한 과목도 없을 것이다.

앞에서 말했듯이, 미적분학과 같은 수학 과목을 공부할 때는 단순 암기를 요구하는 역사를 공부할 때와 큰 차이를 두고 접근해야 한다. 단순 암기는 이해가 잘되지 않아도 통독이라는 방식을 쓸 수 있는 반면, 미적분을 공부할 때는 절대 그렇게 해서는 안 되기 때문이다.

수학 문제를 50퍼센트 이상 이해한 경우

나는 이런 문제를 마주했을 때 해결 방법을 모르더라도 교과서나 참고서에 나온 내용을 참고해서 문제를 풀기 위해서 노력한다. 아예 모르는 내용이 아니어서 조금 더 집중하여 정답을 알아낼 수 있을 것 같은 상황이라면, 30분 정도 시간을 들여 이것저것 시도해보는 것도 나쁘지 않다. 약 30분간 풀어보려고 노력한 뒤 해답을 보자.

만약 자신이 푼 방법과 해답의 풀이 과정에 차이점이 있다면 어떤 점에서 다른지 깊이 고민해보는 게 좋다. 문제 하나에 긴 시간을 투자해도 전혀 아깝지 않은 이유가 바로 여기에 있다. 이해를 해야 풀 수 있는 과목은 딱 '한 문제'만 제대로 이해해도 비슷한 유형의 수많은 문제를 응용해서 풀 수 있기 때문이다.

해답을 보고 이해가 간다면 이 내용을 연습장에 옮겨 적어보도록 한다. 그런 다음 해답을 가린 상태에서 한 번 더 문제 풀이에 도전한다. 문제를 다 풀고 난 뒤에 해답과 다시 비교해 보고, 아직도 다른 부분이 있다면 그 내용을 신경 써서 읽은 다음 마지막으로 본인이 쓴 풀이를 고친다. 이렇게 하면 문제를 푸는 과정이 머릿속에 강하게 각인되는 것을 느낄 수 있을 것이다.

수학 문제를 거의 이해하지 못한 경우

반대로 문제에 대한 감이 전혀 잡히지 않고 감히 시도조차 하지 못할 정도라면 일단 해답부터 먼저 볼 것을 추천한다. 해답을 한 줄 한 줄 읽으며 이해할 수 있도록 노력해보는 것이다. 어느 정도 내용을 파악했다면 연습장에 해답을 그대로 옮겨 적고, 이후의 공부 방식은 앞의 내용을 똑같이 따른다. 하지만 전혀 모르는 상태에서 해답을 보았으니 아무래도 두세 번 이상 반복적으로 내용을 숙지해야지만 제대로 풀 수 있을 것이다.

오늘 못하면
내일은 할 수 있는가?

누구에게나 좋아하는 과목과 싫어하는 과목이 각각 있을 것이다. 공부가 죽기보다 싫은 학생에게도 어느 정도 견딜 만한 과목이 있는 반면 반대로 소름 돋게 싫은 과목도 존재할 것이다.

하지만 무조건 싫다고 해서 아무것도 하지 않을 수는 없다. 그렇다면 정말 보기 싫은 과목은 어떻게 시작해야 할까. 나는 좋아하는 과목과 싫어하는 과목을 둘로 나눈 다음, 하루의 시작은 좋아하는 과목부터 보되 중간쯤에는 싫어하는 과목을 공부하고, 마지막은 다시 좋아하는 과목으로 마무리했다. 하루의 시작과 끝만큼은 좀 더 긴장을 풀고 싶어서였다.

잠에서 깨어 일어나자마자 책상에 앉으면 집중력이 바로 생길 리가 없다. 잠든 뇌가 깨어나 활성화되기 전까지는 평소 좋아하는 과목을 설렁설렁 훑으며 읽거나 가볍게 문제를 푸는 것이 좋다. 몸과 마음에 무리를 주지 않으면서 앞으로 하루 동안 공부를 하기 위한 준비를 하는 것이다.

나는 어릴 적부터 수학을 가장 좋아했다. 매일 공부의 시작도 수학으로 했다. 문제를 몇 개 정도 풀다 보면 기분이 좋아지고 두뇌가 깨어나는 것이 느껴졌다. 한 시간 정도 수학 공부를 하고 약 15분간 휴식을 취한 뒤 싫어하는 과목을 공부했다. 휴식이 길어질수록 싫어하는 과목을 봐야 한다는 부담감이 오히려 커지기 때문에 절대 30분 이상은 쉬지 않았다.

반대로 중고등학교 때는 역사 과목을 싫어했다. 비슷한 맥락으로 대학에 다닐 때는 미술사 과목이 재미없었다. 아무리 큰 그림을 이해해도 결국엔 연도 같은 세세한 디테일까지 전부 외워야 하는, 아니 '외우기만' 하는 학문이라고 생각되어 흥미를 느낄 수가 없었다. 단순 암기 과목은 무엇보다 많은 시간을 필요로 하기 때문에 더 괴롭게 느껴졌던 것 같다.

어쨌거나 좋아하는 과목을 한 시간 정도 공부함으로써 아침을 열었다면, 싫어하는 과목에는 좀 더 많은 시간을 투자했다. 아무래도 집중이 잘되지 않고 자꾸 딴짓을 하기 때문에 그런 식으로 낭비하는 시간을 포함해 좋아하는 과목에 할애하던 시간의 두세 배 정도를 썼다. 그래서 싫어하는 과목을 보는 시간은 아예 넉넉하게 잡아뒀다.

사실 싫어하는 과목을 공부할 때는 시간 분배나 계획표를 짜는 것보다도 '마음가짐' 그 자체가 가장 중요한 것 같다. 나는 아래의 네 가지 방법을 통해 매일 마음을 다잡았다.

실력을 넘어서는 사고의 재구성

좋아하지 않는 과목을 두고 "싫어 죽겠다"라고 반복해서 말하거나 "이런 것도 이해가 되지 않다니 나는 정말 바보야"라는 식의 부정적인 생각은 공부하는 데 있어 전혀 도움이 되지 않는다.

하지만 부정적인 생각도 '재구성 프레임' 속에 넣을 수 있다면 완전히 달라질 수 있다. 예를 들어 "이 과목 시험, 완전히 망했다"라는 생각 대신 "물론 이 과목 시험을 망칠 확률도 있지만 망치지 않을 확률도 있지. 지금 내가 할 수 있는 일은 최선을 다하는 것뿐이야"라고 바꾸어 생각하는 것이다. 절망 속에서도 희망을 찾는 것은 오직 본인만이 할 수 있으며, 무엇보다 누구나 할 수 있는 일이다.

힘든 상황 자체를 하나의 도전으로 생각할 것

나는 부정적인 생각이 들 때마다 그 생각 자체를 게임을 할 때처럼 넘어가야 하는 하나의 퀘스트로 보고 깨부수어 나갔다. 뇌에서 몸이 너무 피곤하니 더 이상은 힘들 것 같다고 신호를 보내는 순간에 문제 한두 개를 더 풀거나, 노트라도 한 번 더 읽으면서 뇌가 보내는 신호를 곧이곧대로 받아들이지 않고 내가 바로 '뇌의 주인'이라는 사실을 상기시켰다.

만약 '미드 덕후'이며 드라마 「빅뱅이론The Big Bang Theory」을 봤다면 주인공 중 하나인 셸던이 "I'm the master of my brain!"이라고 외치던 장면을 기억할 것이다. 나는 그 장면을 본 후 힘이 들 때마다 셸던처럼 "I'm the master of my brain!"이라고 똑같이 외치며 문제 한 개를 더 풀고 문단 한 줄을 더 읽었다. 이런 식으로 스스로의 한계를 깨트릴 때마다 점점 더 강해지는 멘탈을 느낄 수 있었다.

혹시 공부하다가 죽을 것 같다는 생각이 드는가? 걱정하지 마라. 절대 죽지 않는다. 놀다가 죽는 사람은 봤어도 공부하다가 죽은 사람은 본 적이 없다.

뇌도 노력으로 바꿀 수 있다

예전에 뇌공학을 공부할 기회가 있었는데, 교수님께서 말씀하시길 뇌에는 신경가소성Neuroplasticity이 있다고 했다. 간단히 말해 경험에 의해 변화하는 능력이 있다는 뜻이다.

신경가소성의 선두주자인 노먼 도이지Norman Doidge 박사는 『기적을 부르는 뇌』라는 책을 통해서 특정하고 반복적인 일에 노출된 뇌는 이에 대응하여 변화할 수 있다고 설명했다. 따라서 집중이 흐트러진 산만한 상황에서 집요하게 그리고 반복적으로 뇌가 다시 집중할 수 있도록 이끌어주는 연습을 한다면, 추후 비슷한 상황에 놓였을 때 두뇌가 조금 더 빠른 시간 안에 집중 모드로 돌입한다는 것이다. 결국 뇌도 몸의 근육과 같아서 트레이닝을 하면 할수록 힘과 성능, 지구력이 늘어난다는 의미다.

한 가지 더 보태자면 두뇌 훈련은 나이에 상관없이 가능하다고 한다. 나이가 마흔이든, 여든이든 마음만 먹으면 훈련을 통해 집중력을 기를 수 있으며, 힘들게 기른 집중력은 결전의 날 그 진가를 발휘할 것이다.

작지만 즐거운 규칙 만들기

나는 아침을 시작할 때 제이슨 므라즈Jason Mraz의 'Make It

Mine'이라는 노래를 들었다. 매일 아침을 좋아하는 노래로 시작하는 것이 부정적인 감정을 최소화하고 나의 하루를 루틴화하는 데 도움이 되었다. '모든 것을 내 것으로 만들어버리겠다Yes I'll make it all mine'라는 노랫말처럼 공부도 그 어떤 것도 무조건 내 것으로 만들고 말리라 하는 긍정적인 마음으로 책을 폈다.

물론 사람마다 취향이 다르므로 굳이 이 노래를 듣지 않아도 된다. 본인만의 방법이나 규칙을 정하는 그 자체로 큰 효과가 있다고 생각한다. 나는 싫어하는 과목을 공부하기 전이면 주문처럼 "최선을 다하자!"라고 외치고 (사실 주먹을 꼭 쥔 채 '아자 아자!' 하고 큰소리로 기합까지 넣었다) 시작하면 아무리 싫어하는 과목일지언정 포기하게 되지는 않았다.

우리가 흔히 어떤 과목을 싫어하게 되는 이유는 간단하다. '이해가 잘 가지 않기 때문'이다. 그러한 경우 해결책도 단순하다. 앞의 방법을 써서 부정적 감정을 누른 뒤, 책을 펴서 지식을 쌓으면 된다. 공부를 하면 할수록 이해하는 범위가 늘어나게 되니 그만큼 부정적인 감정도 줄어들 것이다.

성적을 높이고 싶다면 최소한 이 정도 노력은 해야 하지 않겠는가. 또한 시간은 좀 걸릴지 몰라도 싫은 과목을 그냥 멀리하고 그대로 멈추는 것보단 이편이 훨씬 긍정적이라고 생각한다. 이제 부정적인 생각은 잠시 거두고 내 뇌의 주체적이고 능동적인 주인이 되어 무슨 과목이든 간에 격파해버리자.

뇌는 까먹는 만큼
다시 기억한다

사람의 두뇌는 중요한 것이 무엇인지 분류해서 의미 없는 나머지 부분은 도외시한다. 이상하게 들릴지 모르나 망각은 우리 두뇌와 기억의 기능에 있어 굉장히 중요한 요소다.

그렇다고 해서 두뇌가 모든 기억을 한꺼번에 잃어버리는 것은 아니며, 어떻게 보면 점진적인 과정을 통해서 사라지게 만든다. 처음 정보를 접한 뇌는 최대한 많은 내용을 기억하고 보관하려 하지만 시간이 지날수록 쓰이지 않는 부분은 버린다. 캐나다 몬트리올에 있는 맥길대학교McGill University에서 기억을 연구하는 올리버 하트Oliver Hardt 교수는 두뇌가 정보를 잃지 않는다면 사람에겐 기억 그 자체가 없을 것이라고 말했다. 그에 의하면 '잊어버리는 행위'는 뇌의 필터 역할을 하며, 뇌가 중요하지 않다고 여기는 것들을 걸러내는 과정 그 자체라고 한다.[3] 그래서 쓸모없는 정보를 잘 잊는 사람이 중요한 정보를 잘 기억하고, 반대로 쓸모없는 지식이 많은 사람은 정작 필요한 정보를 기억하지 못하는 경우가 생기는 것이다. 가상의 인물이긴 하지만 탐정 셜록 홈스도 쓸데없는 기억은 지우고 필요한 정보만 남겨서 자신의 '기억의 다락방'에 정돈해두곤 했다.

2016년에 발표된 한 논문 역시 어떤 정보를 잊게 되는 것은 배우고 암기하는 과정의 일부라고 했다.[4] 그러니까 쓸모없는 정보는 잊어버려야 새로운 정보를 채울 수 있는 공간이 생기는 것이다. 두뇌는 새로운 정보를 맞닥뜨리게 되면 이를 처리하기 위해 바로 어떤 정보가 중요한지 또는 중요하지 않은지를 분류하고자 노력한다.

이러한 두뇌의 특징을 적극 이용하여 공부에 응용하면 어떨까. 앞에서 통독과 통독 사이에 하루 이틀 정도의 시간 차를 주는 것이 중요하다고 했던 것을 기억할 것이다. 그 방법은 비단 통독을 할 때만이 아닌 평소 공부를 하는 데도 큰 도움이 된다.

예를 들어 본인이 정말 좋아하는 영화나 책을 하나 떠올려보

자. 맘에 드는 작품이라서 여러 번 반복적으로 보기까지 한 것이다. 이를 생각해보면, 두 번째 보았을 때와 세 번째 보았을 때 각각 기억하는 수준의 차이가 굉장히 크다는 사실을 느꼈을 것이다. 공부도 마찬가지다. 시간 차를 두고 정보를 반복적으로 접할수록 더 많은 것을 기억하게 된다. 평소 공부를 할 때도 일정 간격을 두고 반복 학습을 하면 내용이 장기 저장 단계로 진입하는 것을 느낄 수 있다.

그래서 반복이 중요한 것이다. 정보가 장기 기억으로 영원히 저장되려면 같은 내용을 여러 번 보고 또 보는 수밖에 없다. 그러므로 배운 것을 까먹었다고 해도 너무 걱정하지 말자. 세 번째로 공부할 때는 기억하는 양이 자연스레 늘어날 것이고, 네 번째나 다섯 번째가 되면서부터는 반복의 과정을 통해 잊어버리는 양과 새로 외워야 하는 양이 모두 줄어들 것이다.

나는 실제로 공부할 때 예전에 익힌 부분이 전혀 기억이 나지 않는 상태가 되면 이를 두 팔 벌려 반긴다. 공부하고, 잊고, 다시 공부하고, 또 잊는 이 과정을 여러 번 겪어야만 지식을 장기 기억소에 보관할 수 있다는 사실을 잘 알고 있기 때문이다.

이제는 기억력이 나쁘다고 자신을 탓하지 말자. 한 번 보고 모든 것을 완벽하게 기억하는 사람은 이 세상에 존재하지 않는다.

"나 진짜 바보 아닌가? 또 다 까먹었네?" 하는 순간을 여러 번 겪을수록 장기 기억함에 더 많은 정보가 담긴다는 것을 기억하며, 공부한 것을 까맣게 잊고 백지 상태가 되어도 실망하지 말고 앞으로 나아가자.

맞힌 문제도 다시 봐라

　나는 객관식 문제를 푸는 것을 상당히 좋아한다. 평소 중요하다고 생각하지 못했던 세세한 부분을 잡아낼 수 있는 절호의 기회가 되기 때문이다.

　어느 정도 공부를 한 상태에서 객관식 문제를 풀다 보면 정확한 답을 알지 못해도, '아무래도 이 중 하나가 답인 것 같은데……' 하는 정도의 결론에 도달하게 된다. 이렇게 헷갈리는 순간들을 최대한 많이 겪을수록 시험 당일 문제 출제자의 의도를 파악하는 일이 좀 더 쉬워진다.

　객관식 문제를 볼 때 중요한 점은, 내가 어느 답 사이에서 고민했는지 체크한 다음 헷갈렸던 이유를 중점적으로 파악하며 풀이를 읽는 것이다. 객관식 문제는 정말 세세한 부분까지 다 알지 못하면 헷갈리도록 의도적으로 디자인된 유형이다. 그러니까 바로 답을 찾지 못했다는 사실에 실망하지 말고, 1번과 4번, 2번과 5번 사이에서 고민할 때마다 이 기회를 통해 내가 얻을 수 있는 것을 떠올리고 기뻐하도록 하자.

흔히들 맞힌 문제는 건너뛰고 틀린 문제의 해답만 보는 경우가 많은데, 나는 귀찮아도 모든 문제의 풀이를 다 읽는 편이다. 맞은 문제라도 막상 해답을 읽다 보면 내가 정답을 고른 이유 자체가 틀린 경우도 꽤 많기 때문이다. 한마디로 문제를 몇 개나 맞혔느냐가 중요한 것이 아니라 옳은 방법을 통해 정답에 도달했느냐가 훨씬 더 중요하다. 만약 제대로 된 풀이가 아닌 말도 안 되는 이유로 어쩌다 정답을 찍은 상태에서 해답마저 읽지 않는다면, 나중에 가서는 답을 맞힌 것이 오히려 독이 될 수 있다. 이제부터는 답을 잘 찾았다고 자만하는 대신 정성 들여 해답을 읽는 것이 어떨까.

풀이를 볼 때는 기계적으로 읽는 것에서 멈추지 말고 아예 요점까지 정리하는 것이 좋다. 나는 객관식 문제에서 얻은 요점만 정리한 노트를 따로 만들어놓는다(혹은 만들어둔 핵심 노트에 반영

해도 좋다).

예를 들어 부동산법 공부를 할 때 나는 아래와 같은 뼈대를 미리 준비하고, (노트 정리의 기본은 목차를 보고 만든 뼈대로부터 시작된다) 객관식 문제를 풀다가 헷갈리는 부분이 나오면 내용을 추가했다.

예시

[기본 목차]

부동산

I. 소유권

A. 현재의 재산권

    1. 무조건 토지상속권

    2. 무효가능 토지상속권

    3. 종신 부동산권

        a. 종신 임차인의 권리와 의무 : 훼손 금지의 원칙

B. 장래이익

[기본 목차에 객관식 문제의 요점을 추가한 것]

부동산

I. 소유권

A. 현재의 재산권

   1. 무조건 토지상속권

   2. 무효가능 토지상속권

   3. 종신 부동산권

     a. 종신 임차인의 권리와 의무 : 훼손 금지의 원칙

       i. 고의적 훼손 – 적극적 훼손(천연 자원 이용을 위한) – 기본 통칙 : 천원 자원을 개발해서는 안 된다. **★예외 : 수리 및 유지 보수를 위해 필요한 경우. 이전에 사용된 권리가 명시적으로 주어진다. 하지만 이 권리는 오직 전과 같이 천연 자원을 이용할 때로 한정된다(개방 광산의 원칙에 따라 이미 존재하는 광산 외 새 광산을 개발할 수 없다).**

       ii. 방임적 훼손 (1) (담보대출 이자, 세금 등) 사용료를 지불해야 하지만, 이 의무는 토지에서 얻은 소득 또는 이윤의 범위로 제한된다. 어떤 이윤도 얻지 못하는 경우에는 합리적인 임대 시세의 범위 안에서 사용료를 내도록 한다. (2) 수리 의무가 있으나 이윤 또는 합리적은 임대 시세 범위 내에서 수리를 하도록 한다.

이미 잘 아는
부분은 굳이
메모하지 않는다.

iii. 계량적 훼손

iv. 종신 임차인의 권리와 의무 : 세금

   i. 재산세를 내야 하지만 토지의 실거래 시세에
의거해 받는 임대료의 범위 내에 한한다. 또는
종신 임차인이 토지를 점유하고 있을 때에 한
한다.

B. 장래이익

노트에 정리할 때는 중요도에 따라 글자의 굵기에 차이를 두
거나 형광펜으로 표시했고, 무엇보다 중요한 부분은 색깔을 달리
해 강조했다. 예외에 속하는 내용이 나오면 굵은 글씨로 표시하
고 유난히 중요하다고 생각되는 부분은 파란색으로 표시했다. 만
약 비슷한 문제가 자주 나오면 노란색 형광펜으로 칠해 그 부분
이 중요하다는 것을 강조했다. 그리고 같은 문제를 두세 번 이상
틀릴 땐 아예 빨간색을 써서 눈에 확 띄도록 했다.

만약 아는 부분이 있다면 굳이 노트에 더하지 않았다. 예를 들
어 나는 '계량적 훼손'의 내용에 대해서는 이미 잘 숙지하고 있었
고, 문제도 한 번도 틀린 적이 없었기 때문에 그것에 관련된 내용

을 더할 필요가 없어 굳이 쓰지 않았다.

객관식 문제의 해답을 정리한 노트의 목적은 모든 정보를 담는 것이 아니라 '모르는 부분만 골라 담는 것'이라는 사실을 명심하자. 시험 한 달 전쯤에는 이 노트를 쭉 읽어보고 아는 부분은 지운 뒤 훨씬 더 간단해진 내용만을 토대로 공부하는 것을 추천한다. 그렇다고 해서 지난 노트를 아예 없앨 필요는 없다. 그저 제목을 다르게 해서, 예를 들면 '부동산법 객관식 노트 1', '부동산법 객관식 노트 2', '영어 독해 객관식 노트 1', '영어 독해 객관식 노트 2' 등과 같이 번호를 매겨 보관하는 것이 좋다. 예전의 노트를 봐야 하는 경우가 생기기도 하기 때문이다.

이 노트의 궁극적인 목적은 결국 '뼈대'만 남도록 비우는 것이다. 처음엔 어쩔 수 없이 뼈대 사이사이에 살을 채우지만, 수백, 수천 개의 객관식 문제를 반복적으로 풀어나가며 노트에 채워놓은 살을 외운 뒤 다시 살을 발라내어 뼈대만 남기는 것! 이 과정을 거친다면 그 어떤 객관식 문제도 두렵지 않을 것이다.

형광펜으로
색칠 공부 제발 그만해

글을 단순히 빨리 읽는 것이 아니라 내용을 제대로 이해하며 읽어야 한다면 '능동적인 읽기' 방법의 응용을 추천한다.

능동적인 읽기, 이는 주제에 관심을 갖고 마음속으로 질문을 던져가며 읽는 것을 말한다. 내 경우에는 억지로 관심 있는 척 '연기'라도 해가며 관심을 가지려고 노력했을 때 효과가 배로 커지는 것을 느꼈다. 왜 이 과목을 배우는 것인지, 이 과목을 실생활에서 어떤 식으로 활용할 수 있는지 등 다양한 관점으로부터 비롯되는 흥밋거리를 떠올리며 관심을 갖고 이해하고자 했다. 더 나아가 읽은 내용이 뇌의 기억 다락방에 잘 정리될 수 있게끔 노력하는 것은 공부에 있어 아주 중요한 행동 중 하나다.

하버드대학원 교육학과 교수였던 윌리엄 페리William Perry 박사는 학생 1500명을 상대로 '읽기'를 주제로 한 실험을 진행했다. 학생들에게 30쪽짜리 역사책을 주고는 20분 후 책의 주요 요점을 식별해내게 하고 내용에 관련된 에세이를 작성할 것이라고 말해주었다. 그 결과 학생 대부분이 객관식 시험에서 좋은 점수를 받았지만 에세이는 1500명 중 단 열다섯 명만이 쓸 수 있었다고 한다.[5] 이유는 학생들이 역사책의 첫 부분에 나오는 요약 부분과 책의 여백에 쓰여 있던 설명을 읽을 생각 자체를 하지 못했기 때문이었다. 학생들은 '점수를 잘 받을 수 있는 골라 읽기' 방식에만 익숙해진 나머지 큰 그림을 보지 못한 것이다.

박사는 이런 사태를 보고 글의 내용을 제대로 이해하려면 학생들이 그냥 '읽기'가 아닌 '능동적인 읽기', 즉 스스로에게 질문을 던지며 글을 읽어야 한다고 지적했다.

능동적으로 글을 읽는 방식에는 여러 가지가 있는데, 그중 내가 시도했을 때 꽤 좋은 결과가 있었던 프린스턴대학교Princeton University에서 추천하는 방법을 소개하고자 한다.[6]

읽기 전 스스로에게 질문 던지기

페리 박사도 말했듯 사전에 글이 어떤 내용인지 전혀 모르거나, 어떤 목적으로 보는 것인지 전혀 알지 못한 채 수동적으로 읽기만 한다면 절대 글을 제대로 이해할 수 없다. 지금 읽을 글의 주제는 무엇인지, 혹시 내가 이 주제와 관련해 이미 알고 있는 지식이 있는지, 왜 하필 지금 이 내용을 읽게 된 것인지 등을 스스로에게 물어보고 구체적인 대답까지 생각해야 한다.

중요한 부분은 간단한 기호로 표시한다

흔히 우리는 다양한 색의 형광펜이나 색깔 볼펜으로 글에 색을 칠하거나 줄을 긋곤 한다. 하지만 내용의 본질을 제대로 알지도 못한 상태에서 섣불리 색만 칠하는 것은 단순한 '색칠 공부'에 지나지 않으며 이것만큼 바보 같은 짓은 없다. 색칠은 글을 여러 번 읽고 정말 중요한 부분이 무엇인지 구분할 수 있을 때 해도 늦지 않다.

그래서 나는 처음 글을 읽을 때 중요한 소제목에는 연필로 간단히 별이나 네모 정도만 그려서 표시한다. 다음 사진은 내가 미적분을 배울 당시 쓰던 교과서의 일부다. 보면 알겠지만 교과서에 최대한 눈에 띄는 필기를 하지 않았다. 꼭 써야 한다면 연필을 사용했다. 그러면 내가 잘못된 내용을 써놓았을 경우나, 그 과목에 익숙해져서 나중에 쉽다고 생각하게 되는 부분은 자유롭게 지울 수 있기 때문이다.

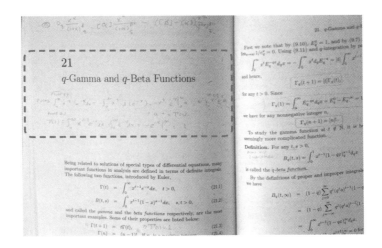

함부로 형광펜 쓰지 마라

앞에서 말했듯 지나친 형광펜 사용은 내용 파악을 돕기보다 오히려 방해가 될 수 있다. 필기가 잘못된 경우, 중요하지도 않은 부분을 중요하다고 착각하게 되기 때문이다. 마찬가지로 형광펜으로 색칠부터 하기보다는 글을 읽으면서 생긴 궁금증 또는 문단의 주요 단어 같은 것들을 빈 공간에 연필로 쓰는 편이 좋다.

아래는 내가 상표등록법을 공부할 때 썼던 교과서다. 보다시피 연필을 사용했으며 이해가 잘되지 않는 내용은 아래 사진 속에 적힌 것처럼 빈 공간에 짧은 질문형으로 써놓는다거나 문단마다 간단하게 최소한의 단어만 이용한 요약을 써놓았다.

spirits), Examination Guide 1-06 (May 2006) (interpreting the wine and spirits provision in valuable trademarks — for example, Anheuser-Busch's BUDWEISER and BUD trademarks for beer were challenged by several Czech brewers from the Budvar region of Czechoslovakia.

In contrast with the United States, other countries have long featured systems that allow for the registration and protection of geographical indications. One country notable in this regard is the European Union. In 2005, a panel of the Dispute Settlement body of the WTO upheld a complaint by the United States and Australia that the EU law violated the TRIPS Agreement. *See* Report of the Panel, European Communities — Protection of Trademarks and Geographical Indications for Agricultural Products and Foodstuffs, WT/DS174/R (Mar. 15, 2005). The panel found that certain aspects of the system by which geographical indications are obtained and examined did not provide national treatment to non-EU nationals, and in fact were dependent upon reciprocal protection in the non-EU state, in violation of the national treatment provisions of the TRIPS Agreement. The European Union has since amended its law to allow for the registration of non-EU geographical indications under the EU system. *See* Regulation (EC) 510/2006 (adopted 3/20/06 and effective 3/31/06). In May 2007, NAPA VALLEY was recognized as a protected geographical indication by the European Union, the first such recognition of an American wine place name.

11. *Speech implications of protecting appellations of origin.* The Louisiana "Cajun" statutes, La. Rev. Stat. Ann. §3:4617(D) and (E), prohibit use of term "Cajun" in connection with the advertisement or sale of food products that are not processed, produced, or manufactured in Louisiana. Piazza, a Louisiana-based seafood wholesaler, imported catfish from China and sold it under the name CAJUN BOY, typically to institutional buyers, who resold it to restaurants and wholesalers. After a Louisiana state official (Odom) seized Piazza's inventory, Piazza sued Odom, arguing, *inter alia*, that the application of the Cajun statute to Piazza violated Piazza's First Amendment speech rights. The court analyzed Piazza's claim under the commercial speech test of *Central Hudson Gas & Elec. Corp. v. Public Serv. Comm'n*, 447 U.S. 557 (1980) (considering (1) whether the speech concerns lawful activity and is not misleading, (2) whether the asserted governmental interest is substantial, and, if these inquiries yield positive answers, (3) whether the regulation directly advances the governmental interest asserted, and (4) whether it is not more extensive than is necessary to serve that interest). How might trademark law considerations inform an analysis of parts (1) and (2) of the *Central Hudson* test? If (as was apparently the case) Piazza marked its products to indicate that they originated in China, does this affect the *Central Hudson* analysis? *See Piazza's Seafood World, LLC v. Odom*, 448 F.3d 744 (5th Cir. 2006).

4. **Name Marks**

IN RE UNITED DISTILLERS, PLC

56 U.S.P.Q.2d (BNA) 1220 (TTAB 2000)

CHAPMAN, J.:

On December 16, 1996, United Distillers plc filed an intent-to-use application to register the mark HACKLER on the Principal Register for "alcoholic beverages, namely, distilled spirits, except Scotch whisky, and liqueurs." ... Registration has been finally refused under Section 2(e)(4) of the Trademark Act, 15 U.S.C. §1052(e)(4), on the basis that the term HACKLER is primarily merely a surname.

Applicant has appealed. . . .

나는 화장실에서
영어 단어 외운다

나는 공부를 시작하면 공부로 인생을 꽉 채워버려야 마음이 편한 사람이다.

어렵게 느껴질지도 모르겠으나 삶을 공부로 꽉 채우는 것은 아주 작고 단순한 일에서 시작된다. 공부해야 하는 내용을 포스트잇에 써서 집 안 곳곳에 붙여두는 것이다. 어딜 봐도 시험과 관련된 내용의 포스트잇이나 메모지가 보일 때, 그러면 크게 노력하지 않고도 저절로 공부가 가능해진다. 사실 '의도하지 않은 공부'만큼 스트레스는 없으면서 효과가 좋은 것은 없다.

나는 주로 외워야 하는 양이 많은 역사, 생물, 법과 같은 과목을 공부할 때 이런 방식을 즐겨 쓴다. 잘 외워지지 않는 부분만 골라서 포스트잇에 옮겨 적은 후, 집 안을 걸어 다니며 눈길이 자주 닿는 곳에 무조건 붙여놓는 것이다.

방문이 있다면 걸어다닐 때 눈높이가 맞는 부분에 한두 장, 손잡이 근처에 한두 장, 그리고 화장실 변기에 앉았을 때 보이는 벽에는 다섯 장(만약 변비가 있다면 더 붙여도 좋다!), 휴지걸이에 한두 장, 부엌 냉장고에 한두 장, 싱크대 근처에도 한두 장…… 이런 식으로 집 곳곳에 포스트잇을 붙여놓으면 어딜 가도 지금 내가 공부하는 내용을 보게 된다.

이 포스트잇의 활용법은 그저 '무심하게 읽고 지나가기'다. 종이에 적힌 내용이 눈에 띌 때마다 외우려 하기보다는 지나가면서 별생각 없이 읽어보기만 하면 된다. 그러면 어느 정도의 시간이 지났을 때, 포스트잇이 눈에 들어오기만 해도 글자를 채 읽기도 전에 종이에 적힌 내용이 머릿속에 차르르 떠오르는 경험을 하게 될 것이다. 완벽하게 내용이 숙지된 포스트잇은 떼어내지 말고, 새로운 메모를 적은 종이를 그 위에 겹쳐 붙이면 좋다. 가끔 "예전에 외웠던 내용이 뭐였더라?" 하는 생각이 떠오를 수 있는데, 그때 노트를 뒤적이기보다는 집 곳곳에 붙여둔 포스트잇을 한두 장 떼어낸 후 예전 포스트잇을 보는 것이 시간을 훨씬 더 아낄 수

서동주의 합격 공부법

있기 때문이다. 알다시피 포스트잇은 두세 장만 겹쳐 붙여도 접착력을 잃게 되니 여러 장을 붙인 경우에는 스카치테이프로 고정시켜줘야 한다.

더불어 포스트잇에 내용과 관련이 있는 '낙서 또는 그림'을 그려놓으면 더욱 유용하다. 예를 들어 'Onerous'라는 단어를 외워야 한다면 포스트잇에 이와 관련된 나만의 간단한 그림을 그리는 것이다. 이 단어는 '부담되는'이라는 뜻인데, 나는 단어의 끝부분인 'us', 즉 '우리'를 나타내는 '사람'을 그린 후 그 위에 무거운 돌을 얹어 두었다. 한마디로 무거운 돌이 'on us', "우리의 위에" 있으므로 부담이 된다'라는 식의 그림을 그린 것이다.

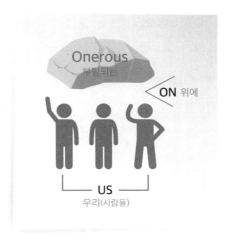

혹자는 'on us'는 알겠는데, 중간의 'ero'는 어디로 사라진 거냐고 의문을 가질 수도 있겠다. 하지만 이 그림은 완벽할 필요가 없다. 다른 사람은 이해하지 못해도 되며, 오직 나 자신만 알아볼 수 있으면 되는 것이다. 설거지를 하다가, TV를 시청하다가 문득 고개를 들어 본 곳에 저 그림이 그려진 포스트잇을 마주한 순간 'Onerous'라는 단어와 뜻이 떠오르기만 하면 된다.

이런 식의 공부가 빛을 발하는 순간은 다음과 같다. 예를 들어 시험을 보다가 "캘빈회로가 뭐였더라?"라고 생각하는 찰나, 순식간에 냉장고에 붙여둔 쪽지의 모양 및 위치, 그리고 그림과 글씨체, 심지어 종이의 구겨진 정도까지 사진처럼 머릿속에 떠오르는 것이다.

이제 당신이 이 책을 잠시 덮고 꼭 외워야 하는 필수 목록을 작은 포스트잇에 나눠서 작성해보길 바란다. 암기법에 젬병인 사람도 종일 눈에 보이는 포스트잇의 내용을 까먹기란 쉽지 않다.

머리가 아닌
손으로 기억하라

많은 사람이 수학을 싫어하는 이유가 비슷하다. 한마디로 이해가 가지 않아서다.

물어보면 "나 수학 진짜 못해" 혹은 "수학? 자신 있지, 잘하는 편이야"라고 말하는 학생은 있어도 "수학 과목은 중간 정도 해"라고 답하는 사람은 드물다. 그러니까 수학은 이해했거나, 아니면 이해하지 못했거나, 둘 중 하나다.

하지만 수학을 제대로 공부해보기 전에 겁부터 낼 필요는 전혀 없다. 그 말인즉슨 이해만 한다면 생각보다 쉽게 점수를 낼 수 있는 과목이라는 뜻이다. 수학도 반복적인 연습을 통해 누구나 얼마든지 잘할 수 있다. 바로 이해를 요구하는 과목이면서 동시에 암기 과목이기 때문이다. 암기에 대한 이야기를 더 이어가기 전에 일단 수학의 기본에 대해 알아보자.

1단계 : 수학의 기본 이해하기

'수학은 기본에 충실해야 한다', '문제를 풀려면 기초부터 알아야 한다' 등과 같은 말을 살면서 수도 없이 들어봤을 것이다. 수학을 완전히 손 놓았던 사람이라면 특히나 기본이 중요하다. 나는 수학 공부를 할 때 무조건 교과서부터 읽은 뒤 마음에 드는 문제집을 통해 기본기를 닦았다. 처음부터 여러 권의 문제집을 고르기보다는 마음에 드는 한 권을 붙잡고 집중 공략하는 것이 큰 도움이 됐다.

그런 다음 처음부터 끝까지 세세한 설명이 더해진 문제집이 맞는지, 아니면 기본 개념 위주의 설명이 나오는 문제집이 맞는지 등 본인의 성향과 상황에 따라 고르는 것이 좋다. 예를 들어 미국에서는 배런Barron's 또는 카플란Kaplan에서 나온 문제집을 많이 쓰는데, 지극히 개인적인 느낌으로 나는 카플란에 적힌 설명이 더 쉬웠기에 이곳에서 나온 것을 주로 보았다.

문제집을 골랐다면 개념을 이해하기 위해 문제를 처음부터 꼼꼼하게 읽어보도록 하자. 이 공부를 하는 근본적인 목적은 개념이 어떤 방식으로 적용되는지 알기 위해서다. 흔히 개념을 제대로 알지 못한 채 섣불리 문제부터 도전하지 말라고 하지만 교과서나 문제집 등에 실린 문제를 훑어보며 지금 보는 내용이 앞으로 어떤 방식으로 사용될 건지 파악하는 정도는 도움이 된다.

스스로 개념을 이해했는지 알고 싶다면 한 단원의 소제목을 보았을 때 머릿속에 전에 학습한 내용이 떠오르는지 시험해보거나, 아니면 보이지 않는 누군가에게 설명하듯 개념을 소리 내어 말할 수 있는지를 확인해보면 된다. 예컨대 참고서에서 '극한'이라는 개념을 보는 순간, "아, 극한의 정의란 x가 a로 다가갈 때 $f(x)$가 L로 다가간다는 것이지. 이 개념은 함수의 크기를 비교할 때, 예를 들어 샌드위치 정리를 할 때 쓰일 수 있지"라는 정도의 말이 술술 나오도록 내용 숙지가 됐다면 스스로를 칭찬해주자. 충분히 이해가 된 것 같으면 그다음은 개념과 공식을 통으로 암기해버리는 것이 좋다.

2단계 : 수학의 암기

앞에서 수학도 암기 과목이라는 말을 했다. 하지만 수학은 역사 같은 과목을 외울 때와는 조금 다르다. 수학의 암기란 기본적으로 '이해'를 바탕으로 하는 것이다. 그러므로 역사를 마구잡이로 외울 때와는 달리 수학은 개념을 먼저 이해한 뒤에 암기를 하는 것이 훨씬 효과가 좋으며 장기 기억으로 남는 데도 도움이 된다. 기본 공식과 개념을 외웠다면 교과서나 참고서에 나온 문제에 본격적으로 도전해보고 풀이를 읽으며 공식이 어떻게 적용되었는지 천천히 이해하도록 하자.

수학의 경우 문제 풀이 자체를 미리 외워두면 시험 볼 때 굉장히 편리하다. 시험 당일 머리가 백지가 되어도 손이 풀이를 기억해서 적어낼 수만 있다면 아무 문제가 되지 않는다. 그렇다면 손이 기억한다는 건 무엇일까? 말 그대로 같은 문제를 여러 번 반복해서 푸는 것으로 문제와 풀이 그 자체를 통째로 외워버리는 것을 뜻한다. 많은 이들이 참고서의 문제를 한 번 정도 풀어보고 틀린 문제만 다시 복습하는 경우를 자주 봤다. 하지만 나는 문제집을 사면 연필로 문제를 푼 뒤 지우개로 지우고 처음부터 다시 보는 방식을 통해서 같은 문제를 적어도 세 번은 풀었다. 특히 계속 틀리는 문제일수록 여러 번 반복해서 풀었다.

물론 문제집을 여러 권 사서 다양한 문제 유형을 경험하는 것도 중요하다. 하지만 아는 문제를 제대로 알고 넘어가는 것만큼 점수를 올리는 데 더 좋은 방법은 없다. 이런 식으로 한 문제집을 반복해서 풀다 보면 틀리는 문제가 확 줄어드는 현상을 볼 수 있을 것이다. 전체 문제에서 한두 개 미만으로 틀리는 정도가 되면 그제야 다음 문제집으로 넘어갈 자격이 주어진다. 두 번째 문제집도 미친 듯이 반복해서 온전한 내 것으로 만들도록 하자.

나는 수학 문제를 외울 때는 문제도 외우고 풀이도 외웠다. 문제를 외우거나 풀이를 이해하지 않고 답만 보는 행위는 헛수고가 될 확률이 높다. 문제에 맞는 풀이까지 '세트'로 외워야 수학을 기계처럼 풀 수 있다. 더불어 문제는 단원별·유형별로 나누어 정리해가며 외우는 것을 추천한다.

지금 우리가 수학을 공부하는 목적은 그 어떤 어려운 문제를 만나도 "이거 어디서 본 문젠데? 이렇게 풀면 될 것 같은데?"라는 생각이 퍼뜩 들게 하는 것이다. 그러려면 최대한 많은 문제를 직접 풀고 이해하고 외움으로써 손끝으로 해답을 암기해야 한다.

약속에 늦는
친구를 반겨야 하는 이유

흔히들 공부한다고 하면 무조건 책상 앞에 자리를 잡고 완벽하게 집중을 해야 한다고 생각한다.

하지만 꼭 그렇지도 않다. 사실 의자에 앉아 오로지 공부에만 집중할 수 있는 시간이 얼마나 되겠는가. 하루 중에는 학교나 학원에 가기 위해서 버스나 지하철을 타고 이동하거나, 점심·저녁 식사를 먹거나 화장실을 가는 등의 기타 시간이 차지하는 부분도 상당하다. 그래서 시험이 가까워질수록 그런 자투리 시간을 이용한 공부가 아주 중요하다. 남들이 쉽게 버리고 신경 쓰지 않는 자투리 시간에 한 공부가 시험 당일 얼마나 큰 힘을 발휘하는지 모른다.

버스나 지하철을 기다리는 동안 우리는 보통 휴대폰으로 유튜브 동영상을 보거나 친구들과 메시지를 주고받는다. 하지만 그 대신 문제 하나를 풀어보면 어떨까. 아니면 수업 중 이해가 제대로 되지 않았던 부분을 다시 읽어보면 어떨까. 고루한 이야기처럼 들릴 수 있지만 시험 직전 자투리 시간을 아껴서 한 공부는 생각지 못한 큰 도움이 되곤 한다.

내가 미국에서 변호사 시험을 두 번째로 준비할 당시, 나는 이미 풀타임으로 일을 하고 있었다. 그래서 다른 학생들처럼 종일 책상 앞에 앉아 있을 수 있는 상황이 되지 못했다. 아침 일찍 출근하여 일을 끝내고 집에 돌아오면 늦은 밤이라 공부할 시간조차 충분하지 않았다. 그래서 생각한 것이 바로 자투리 시간을 이용한 공부다.

회사에서 업무를 보다가 종종 일이 막히면 쉬는 대신 시험 문제를 한두 개씩 풀었다. 점심시간에도 동료들과 수다를 떨지 않고 혼자 식사를 하며 문제를 풀었다. 오후엔 회사 근처를 한 바퀴씩 돌며 산책했는데 그때는 이어폰을 귀에 꽂고 인터넷 강의를 들었다. 자리에서 일어나 화장실로 걸어가는 그 짧은 시간 동안에도 문제를 하나라도 더 보거나 외워야 할 부분을 한 번 더 읽어보았다. 화장실에서 일을 볼 때는 걸어오며 본 문제나 외워야 할 부분을 머릿속으로 되새기며 눈을 감고 외워보았다. 출퇴근 시간에는 운전하는 내내 인터넷 강의를 듣거나, 마치 내 앞에 누군가가 있다고 상상하며 강의라도 하듯 암기한 부분을 큰소리로 설명하기도 했다. 설명하다가 막히는 부분이 나오면 집에 도착한 뒤 다시 찾아보고 한 번 더 입 밖으로 소리 내어 말했다.

주말에 친구를 만나러 나갈 때도 늘 문제집이나 책, 노트, 필기구 등 공부에 필요한 것들을 반드시 챙겼다. 친구를 기다리거나, 친구가 화장실에 가서 혼자 있는 시간이 생기면 잠시라도 책을 펴고 공부를 했다. 정말 절실했던 때는, 하다못해 집에 돌아오는 길에 신호등이 파란불로 바뀌길 기다리면서 문제를 풀었다. 게다가 요즘은 휴대폰이나 태블릿으로도 편하게 문제집을 볼 수 있는 시대다. 누구나 언제 어디서든 문제를 풀 수 있도록 기계까지 도와주는 셈이다.

결국 중요한 것은 마음가짐이다. '시간만 나면 공부해버리겠다!'라는 마음만 제대로 갖고 있다면 못할 일도 없고 안 될 일도 없다. 나는 이렇게 공부하는 것에 대해서 전혀 스트레스를 받지 않았는데 그 이유도 마음가짐에 있었다. 내겐 자투리 공부도 하나의 게임과 같다. 짧은 자투리 시간 동안 얼마나 많은 양을 볼 수 있을까, 얼마나 많은 문제를 풀 수 있을까 하는 생각이 나에겐 하나의 도전이었다.

공부, 그까짓 것 별거 아니라고 생각하면 별거 아니다. 틈만 나면 해버리자.

10점이라고
10점짜리 인생은 아니니까

공부할 때 가장 중요한 것 중 하나가 '정신력'이라는 것은 부정할 수 없는 사실이다.

몇 달, 길게는 몇 년이 될 수도 있는 기간 동안 멘탈을 잘 부여잡은 사람만이 최종 승자가 된다. 이번에는 내가 개인적으로 썼던 멘탈을 지키는 방법에 대해 이야기하고자 한다.

직장에 출퇴근하듯 공부 시간 지키기

공부를 '직장'처럼 대하자. 이는 말 그대로 다음과 같다. 첫째, 적어도 내가 평범한 직장을 다니며 일을 하는 시간만큼 공부할 것. 둘째, 회사를 다니면 맞춰야 하는 기본 출퇴근 시간을 지키듯 공부할 것.

　보통 취업을 하면 오전 아홉 시까지 출근해서 오후 다섯 시나 여섯 시쯤 퇴근하는 직장을 다니게 된다. 물론 야근을 하는 사람도 많고 저녁에 일하는 사람도 있겠지만 평균적으로 우리가 흔히 상상하는 직장은 '9 to 6'이다. 주중에는 학교나 직장을 다니니 어쩔 수 없이 자유 시간인 밤이나 새벽에 공부할 수밖에 없다 해도, 적어도 주말 동안에는 오전 아홉 시부터 칼같이 공부를 시작하려고 노력하며 오후 여섯 시까지 꾸준히 앉아 있는 습관을 들여야 한다.

　이렇게 공부하는 이유는 가장 중요한 아침 시간의 뇌를 깨우기 위해서다. 여러분이 어떤 시험을 준비 중이든 간에 대부분의 시험은 대개 아침 아홉 시쯤 시작되기 때문에 그 시간에 뇌를 활성화하는 연습을 평소에 해야 한다. 혼자 모의시험을 칠 때도 뜬금없이 저녁 시간에 밥 먹고 하는 것보다 실제 시험 시간에 맞춰서 해야 하는 것이 좋은 것도 이런 이유에서다.

나는 오늘 하루만 산다

　공부를 시작하기도 전에 이미 부담감과 스트레스로 괴로운 사람이 많을 것이다. '이 방대한 양을 언제, 어떻게 다 외우고 이해하지?'라는 질문을 끊임없이 던지면서 도전하기도 전에 포기하고 싶어진다.

　나도 늘 그렇다. 그럴 때마다 내가 쓰는 방법은 '하루살이'처럼 사는 것이다. 일단 계획표를 만든 뒤에는 계획표의 처음과 끝, 혹은 전체를 보지 않고 당일의 '할당량'에만 초점을 맞췄다. 단기적으로 오늘 해야 할 일에만 집중하고 절대 길게 보지 않으려고 노력했다. 또한 오늘 하기로 정한 일은 내일이 없는 하루살이처럼, 내가 죽더라도 끝내고 죽겠다는 마음으로 마무리 지었다.

시험 결과와 자신을 동일시하지 마라

　시험을 보면서 가장 힘들었던 부분은 역시 '타인의 시선'이었다. 처음 변호사 시험에서 낙방하고 다시 공부를 시작했을 때 미국 내 다른 주에 사는 한국 친구한테서 연락이 왔다.

"너 시험 떨어졌어?"

어떻게 알았느냐고 묻자, 친구의 말이 자기가 자주 보는 미국 내 한인 여성들이 애용하는 웹사이트에 내가 시험에 떨어졌다는 댓글이 달려 있었다고 했다.

친구가 웃으면서 "사람들이 다 너 떨어지기만 엄청 바라더라. 네가 변호사를 포기하고 인스타그램 스타나 하고 살 거라는 댓글도 있었어"라고 말했다. 친구는 그냥 재밌어서 전한 말일 테지만 듣는 사람의 입장에선 엄청난 부담이 아닐 수 없었다. 가까운 가족이나 친구에게도 알리고 싶지 않은 게 시험 및 취업 준비인데, 개인적으로 알지도 못하는 사람들까지 내가 재시험을 준비한다는 것을 알고 있다는 사실이 나를 아주 괴롭게 했다. 시험에 떨어지면 '학벌 좋고 똑똑하다더니 그깟 시험 하나 못 붙는 멍청이였구나' 하고 얼마나 많은 사람이 나를 비웃을 것이며, '그거 참 쌤통이다'라고 느낄 것에 대해 상상하기 시작하자 생각한 지 5분도 되지 않아 정말로 심장이 아플 정도였다.

가끔 주변 친구와 친척이 "아직도 못 붙었어? 시험이 언제야? 결과는 언제 나와?" 하고 물을 때마다 차라리 차 사고라도 크게 나서 내가 아예 시험을 보지 않아도 되는 상황이 왔으면 하고 바라기도 했다.

계속해서 혼자서 괴로워하고 끙끙 앓을 때, 상사이자 직장에서 정해준 멘토인 레나 변호사가 한마디 건넸다.

"네가 시험에서 떨어진다고 해서

네 인생이 실패작이 되는 게 아니야.

이번에 떨어지면 이 직장에서 잘릴지도 모르지만

시험은 다시 보면 돼.

직장도 마찬가지로 다시 구하면 되는 거잖아.

왜 자꾸 시험 결과에 따라 스스로가 어떤 사람인지 정하려고 하니."

시험이 인생의 전부가 아니라는 사실은 나도 알고 있다. 하지만 대학 입시를 준비하거나, 나처럼 성인이 되어 변호사 시험을 준비하거나, 아니면 취업을 준비하는 사람들에게는 준비하고 있는 일이 인생의 전부처럼 느껴질 수밖에 없다. 밥을 먹거나, 직장에 가거나, 잠을 자는 것을 제외한 거의 모든 시간을 공부에 쏟아붓는데 어떻게 내 인생의 전부가 시험의 결과가 아닐 수 있을까?

그러나 멘탈을 지키기 위해서는 억지로라도 자꾸 존재의 의미와 가치를 시험 결과에서 떨어뜨려 놓고 생각해야 한다. 그렇지 않으면 결과가 좋지 않을 경우 다시 회복하고 앞으로 나아가는 데 한참이 걸릴 수 있기 때문이다. 툭 치면 무너져버릴 것 같고 부담감으로 인해 현재 처한 상황이 벅차게만 느껴질 때, 나는 늘 스스로를 세뇌시켰다.

'너의 가치는 시험 결과로 좌지우지되는 가벼운 것이 아니다.

떨어지면 또 보면 되고 만약 다시 보기 싫으면 안 봐도 된다.

남들이 비웃는다 해도 무시하자.

어차피 네 인생이고 그들이 한두 마디 한들

네 인생에 아무런 영향도 끼칠 수 없다.

너는 그냥 하루하루, 스스로 정해놓은 일만 해나가면 된다.

최선을 다한 후엔 하늘에 결과를 맡기고 결과에 따라

삶의 계획을 수정하면 된다.

그리고 결과는 끝이 아니고 단지 시작점일 뿐이다.'

당연히 시험 결과는 중요하다. 하지만 그보다 더 중요한 것은 바로 나 자신이다.

3장

| 후반전 |

끝날 때까지
끝난 것이 아니다

장기적 비전을 위해 단기적 손해를 감수하는 것,

이것이 성공의 비결이다.

— 빌 게이츠Bill Gates

시험 한 달 전의
적정 공부 양

시험이 한 달 남았다. 그동안 최선을 다해 달렸다면 심리적 불안감이 오히려 더 극에 달해 있을 것이다. 할 수 있는 최대한의 시간과 노력을 투자했으니 그에 걸맞은 수익이 나와야지만 '실패'를 면할 수 있으니 말이다.

하지만 이런 때일수록 마음을 강하게 먹어야 한다. 머릿속에서 들려오는 부정적인 소리는 들을 필요가 없다. 귀는 꽉 닫고 눈만 크게 열고 책을 들여다봐야 한다. 오늘부터 시험 당일까지는 아무 생각도 하지 말고 오직 공부만 해야 하는 시기라는 것을 마음에 새기도록 하자.

시험이 한 달 전이라면 공부의 양을 적어도 평소보다 약 1.5배 늘려야 하는 시기이자, 머리가 터질 듯하고 공부하다가 죽을 것 같으며 누가 잘못 건드리면 눈물이 줄줄 흐를 것만 같을 정도로 괴로워야 하는 시기다. 만약 인생이 걸린 시험을 보기 한 달 전에도 마음이 여유롭다면 당신은 철저한 노력 끝에 준비를 마친 상태거나 아니면 현실을 부정하고 있는 상태일 가능성이 높다.

단, 만반의 준비를 끝낸 상태라고 해도 여유를 부리는 대신 꾸준히 해왔던 대로 공부를 해야 한다. 사람의 뇌는 다른 건 못해도 까먹는 것 하나만큼은 1등 선수니 말이다. 반대로 상황을 있는 그대로 직시하기에 용기가 부족해서 애써 현실 도피 혹은 부정 중이라면 그래도 한 문제라도 더 풀고 노트 정리라도 하는 것이 더 나은 미래가 오는 일임을 재차 떠올린 후 공부에 매진해야 한다.

그렇다면 이 시기 전후에는 얼마만큼의 공부가 적당한 것일까? 다소 저급한 표현일 수 있지만 개인적으로는 정말 '토 나올 정도로' 하는 수준이 적당하다고 생각한다.

실제로 GRE_{Graduate Record Examination}(미국의 일반 대학원 입학 시험, 이하 'GRE') 시험이나 변호사 시험을 보기 한 달 전 나의 상태는 매번 최악, 아니 말 그대로 '거지' 같았다. GRE 시험을 볼 당시는 MIT에서 마지막 학기를 보내던 중이었다. 수업도 여섯 개나 듣고 있었고, 게다가 마지막 학기인 만큼 수학 과목 중에서도 가장 어려운 수업만 듣던 시기였다. 수십 번을 읽고 생각해봐도 이해되지 않는 부분이 많았다. 특히나 양자 미적분학 수업을 들을 땐 도대체 뭐가 뭔지 알 길이 없어 잠을 이룰 수조차 없었다. 수업은 수업대로 듣고, GRE 공부까지 하느라 하루에 서너 시간만 자고 공부하는 날이 이어졌다. 같이 GRE 공부를 하는 친구에게 "이러다가 죽는 것은 아닐까" 하고 물었더니 그녀가 "게임하다가 죽은 사람은 있어도 공부를 많이 하다가 죽은 사람이 있다는 말은 들어본 적이 없다"라고 친절하게 말하며 나를 안심시켜주었다.

사실 박사 과정에 들어가기 위해서 보는 GRE 시험은 입학에 생각만큼 큰 비중을 차지하진 않아서 적당한 점수만 받아도 된다. 하지만 나는 다른 사람과 상황이 조금 달랐다. 대학을 졸업하자마자 석사 졸업장 없이 바로 박사 과정에 들어가려고 한 것이라 한 치의 결점도 허락할 수가 없어서 최대한 높은 점수를 받고자 했다(석사 없이 박사 과정을 바로 밟는 일은 미국 내에서도 드물긴 하지만, 아예 불가능한 것은 아니다. 나의 경우는 대학 재학 기간 중 교수님의 논문에 들어갈 연구를 하고 관련 일을 했기에 가능했다).

지금은 어떤지 모르겠지만 그 당시엔 GRE 시험을 컴퓨터로 보았고, 끝나면 에세이를 제외한 객관식 점수가 바로 컴퓨터 모니터에 떴다. 시험이 끝나고 점수를 확인하는 순간 나는 내 눈을 믿을 수가 없었다.

1600점 만점에 1580점, 99퍼센트!

나는 시험장인 것도 잊은 채 "Oh, my God!" 하고 외치며 눈을 비볐다. 듣도 보도 못한 높은 점수였다. 집에 돌아와서도 '설마 내가 잘못 본 것은 아니겠지?'라고 생각하며 정식 성적표가 집에 도착하기 전까지 덜덜 떨었던 것이 기억난다. 그래서 대망의 성적표를 손에 넣었던 날은 아직도 잊지 못한다.

시간이 흘러 대학원에 입학원서를 넣었을 때 교수님들께 가장 많이 들었던 말은 "나는 이렇게 높은 GRE 점수는 살면서 처음 본다네"였다. 입학 과정에서도 나는 'GRE 점수가 엄청나게 높은 아이'라는 별명으로 불렸다는 것을 훗날 한 교수님께 전해 들었다. 이 모든 것은 죽을 것 같은 공부 과정을 거쳤기에 가능했던 일이었다.

변호사 시험 준비도 마찬가지였다. 눈을 뜬 순간부터 잠이 드는 순간까지 쉬지 않고 공부를 했더니 어떤 날은 머리에 더는 새로운 정보가 들어갈 자리가 없다는 게 느껴졌다. 공부를 많이 해본 사람이라면 공감할 것이다. 뇌에 있는 모든 방이 100퍼센트로 꽉 차고도 넘쳐서, 마치 아침 출근 시간에 지하철 안으로 사람을 꾸역꾸역 밀어 넣어봐도 빈 공간이 조금도 없어서 바로 튕겨져 나올 때의 그 느낌.

시험을 준비하면서 가뜩이나 많은 공부의 양을 더 늘려놓으니 더욱 미칠 노릇이었다. GRE 시험이야 사실 적당히만 봐도 되고 몇 번이고 다시 봐도 되지만 변호사 시험은 (게다가 두 번째로 보는) 시험의 성질 자체가 다른 것이라 정신적·심리적 스트레스도 비할 수 없이 심했다. 이번에야말로 꼭 붙어야 한다는 생각이 도무지 떨어지질 않았다. 또 떨어지면 망신살이 뻗칠 뿐만 아니라 직장에서 눈칫밥 먹으며 반년이라는 시간을 또 기다려야 하는 현실적인 어려움도 동반될 예정이었다. 이러한 스트레스를 받아가며 공부의 양을 늘리는 것이 결코 쉬운 일은 아니었다.

하지만 쉽지 않다는 것이지 불가능한 일이라는 뜻은 아니다. 쓰러질 것 같았지만 쓰러지지 않았고, 죽을 것 같았지만 죽지 않았다. 한 달 동안 집중해서 미치도록 공부한 결과는 '보기 드문 높은 점수'와 '합격'이었다.

시험이 한 달 남았다면 지금은 맹렬히 공부만 해야 할 때다. 주변 사람과의 연락도 자제하고 집에서든 도서관에서든 공부라는 한 우물만 파야 한다. 딱 한 달만 참으면 당신이 그토록 원했던 결과를 손에 쥘 수 있을 것이다. 힘들어도 포기하지 말고 인내하자. 여태까지 잘해왔는데 지금 와서 주저앉을 순 없지 않은가.

보상은
시험이 끝난 뒤에

최선을 다한 당신에게 시험이 일주일 남은 상황이라면 일단 칭찬부터 해주고 싶다. 이날까지 감정의 롤러코스터와 스트레스의 소용돌이 속에서도 굴하지 않고 꿋꿋이 버텨온 당신이기에 남은 일주일도 막판 스퍼트를 낼 수 있을 거라 믿어 의심치 않는다.

시험이 일주일 남았다면 지금부터는 모든 과목을 처음부터 끝까지 적어도 한 번은 훑어야 한다. 만약 일주일이라는 시간 동안 여섯 과목 정도를 공부해야 한다면 속도를 높여서 스피드 있게 3일 동안 하루에 두 과목씩 다시 검토하고, 남은 4일 동안은 취약한 과목 위주로 좀 더 심층적으로 집중해서 보는 것이 좋겠다.

각 과목을 훑어볼 때는 아래와 같은 순서로 공부하는 것을 추천한다.

시험 일주일 전의 루틴

❶ 교과서 읽기 : 교과서를 빠른 속도로 휙휙 넘겨 보면서 걱정되는 곳이 있다면 그 부분만 좀 더 신경 써서 읽는다.

❷ 핵심 노트 읽기 : 그동안 과목별로 핵심만 뽑아 정리한 노트를 한 줄도 빼놓지 않고 전부 읽는다.

❸ 문제 및 오답 노트 읽기 : 핵심 노트 외에 예전에 기출 문제를 풀고 답을 정리해 만든 노트도 처음부터 끝까지 읽는다. 나는 핵심 노트든, 기출 문제 정리 노트든 무조건 읽어야 할 부분을 손으로 가린 후, 이전에 외운 것을 기억에서 끌어내서 입 밖으로 소리 내어 말해본 다음에 노트를 읽는 식으로 공부했다. 머릿속에 저장한 정보를 억지로 끌어내어 입으로 말하고, 그 소리를 귀가 듣게 해주면 기억력이 조금 더 높아질 것이다.

❹ 기출 문제 공부하기 : 노트를 다 읽었다면 각 과목의 기출 문제를 공부해야 한다. 문제를 '풀어야 한다'라고 말하지 않은 이유는 그동안 최선을 다해 공부한 사람이라면 이쯤 되면 안 풀어본 문제가 없어서 이미 푼 문제 위주로 공부하게 되기 때문이다. 모든 문제집은 적어도 두세 번씩 풀어봤어야 하므로 새로운 문제 유형 자체도 존재하지 않아야 한다.

무엇보다 시험이 '서프라이즈 파티'가 되어서는 절대 안 된다. 시험지 속의 문제들은 이미 전에 최소 한 번은 본 것이며, 약간의 변형만 되어 있을 뿐이라서 당황하지 않고 '아, 문제집에서 풀었던 거랑 비슷하구나' 하는 생각이 바로 들어야 한다. 물 흐르듯 자연스럽게 문제를 풀어나가야 하는 것이 시험인 것이다. 다시 한 번 말하지만 시험이란 내가 그동안 공부했던 것을 테스트하는 시간이지, 마치 '몰래 카메라'를 당하듯 놀라게 되는 시간이 아니다.

지금쯤 당신은 이미 모든 기출 문제를 한 번쯤은 풀어보았을 것이다. 그러므로 훑어보다가 유난히 생각이 잘 나지 않거나 풀이 과정이 헷갈리는 문제들만 다시 풀어보고 답을 맞춰 본 후 정답을 따로 정리하는 것이 좋다. 그간 열심히 달려왔다면 헷갈리는 문제의 개수는 각 과목당 손에 꼽을 정도일 것이고, 확인하는 데 그다지 오랜 시간이 걸리지 않을 것이라고 예상한다.

만약 최선을 다하지 못했는데 시험이 일주일밖에 남지 않은 상황이라면, 지금부터라도 최대한 많은 종류의 기출 문제를 접할 수 있도록 집중하자. 한심하다고 욕을 먹을 수도 있겠지만 욕도 시험이 끝나고 난 뒤에 신경 쓸 일이다. 일단은 공부만 신경 쓰자.

이 다급한 상황에서는 문제를 제대로 풀 생각은 아예 하지도 말아야 한다. 제대로 풀어보는 건 이미 몇 달 전에 했어야 하는 일이다. 지금은 아예 문제와 답을 한꺼번에 같이 본 후 풀이만이라도 노트에 한 번 정도 적어보는 것이 적당하다. 시험 날 '깜짝 놀라게 되는 순간'을 줄이는 데만 힘을 쓰라는 뜻이다. 대신 기계처럼 노트만 축내지 말고 문제의 답이 왜 이렇게 나오는지 이해하려고 애쓰며 써보는 것이 좋겠다.

앞에서도 말했지만 나는 모든 과목을 무조건 일곱 번씩은 읽는 편이다. 몇 달 동안 과목별로 핵심 노트도 만들고, 두세 권 정도 되는 문제집도 여러 번 반복하여 푸는 데서 멈추지 않고 답과 풀이만 모아놓은 노트 정리까지 따로 하기 때문에 시험이 일주일 남은 상황에서는 오히려 여유로움을 느끼곤 했다.

물론 시험은 스트레스 그 자체이며 누구나 불분명한 미래에 대한 불안감을 갖고 있겠지만, 이 시점까지 도달해서 공부를 해보면 아는 것이 모르는 것에 비해 9대 1의 비율보다도 높아진다. 무엇보다 '내가 그동안 이만큼의 지식을 습득했다니!'라는 말이 저절로 튀어나올 정도로 스스로의 박학다식함에 대한 놀라움과 뿌듯함이 뼛속까지 깊숙이 와 닿는다. 그렇게 자신감이 생겨난다.

마지막으로 가장 중요한 것은 늘 그렇듯 적당한 숙면과 건강한 음식 섭취다. 시험 당일 배탈이 나거나 아프지 않도록 맵고 짠 음식은 피하고 균형 잡힌 식단으로 하루하루를 채우자. 나는 주로 혼자 지냈기에 제대로 식사를 하기 힘들 땐 주로 시중에서 판매하는 건강, 영양 바 같은 간단한 스낵을 챙겨 먹었다. 위나 장에 부담이 되지 않는 담백한 샐러드와 삶은 달걀 등을 먹기도 했다. 비슷한 음식만 먹는 게 힘들어도, 시험 기간 동안에 탈이 나서 그동안의 피나는 노력을 헛수고로 돌리는 것보다는 나으니 그렇게 해왔다.

시험이 일주일 정도 남은 이 시기는 보상으로 맛난 음식을 챙겨 먹는 시기가 아니라, 아픈 곳 없이 최상의 컨디션으로 최대한의 실력 발휘를 하기 위한 준비 단계임을 마음에 새기길 바란다.

최상의 컨디션 유지하기

시험 기간이 다가왔다면 아마도 당신은 여느 때보다 배로 극심한 스트레스에 시달리고 있을 것이다.

시간과 노력의 열매는 달지만 과정은 그 이상으로 고통스럽다. 비슷한 예로, 가수들이 가장 좋아하는 일이 무대에 서는 것이라면 반대로 가장 싫어하는 일은 무대에 서기 전 연습하는 과정이라고 한다. 정말 공감이 가는 말이다.

하지만 뒤집어 생각해보면 시험 날은 그동안의 노력이 드디어 공개적으로 빛을 보게 되는 기쁜 날이기도 하다. 빈틈없이 들이부은 노력과 시간이 공식적으로 검증받을 수 있는 행복한 기회인 것이다. 말은 이렇게 하지만 나도 사람인지라 시험을 준비하고 치는 기간 내내 남들 못지않은 양의 스트레스를 받는다. 그래도 지나고 나면 이 시간이 얼마나 소중한 순간으로 남을지, 의식적으로라도 상기시키려고 노력한다.

그간 갈고닦은 실력을 제대로 보여주려면 시험 기간 동안에는 공부를 가볍게 하는 것이 좋다. 물론 그동안 피 터지게 준비해온 사람에게 해당되는 말이다. 만일 제대로 공부하지 않은 상황이라면 시험 기간 내내 컨디션 조절이고 뭐고 생각할 필요도 없이 머리에 지식을 일단 들이부어야 한다. 늦어도 한참 늦었지만 지금이라도 '밑 빠진 독에 물 붓기' 식의 공부를 하길 바란다.

하지만 당신이 시험을 위해 장기간 노력했다면 지금 이 시기에 무리한 공부는 절대 금물이다. 두뇌도 쉬게 해주어야 제 역할을 잘 해낼 수 있다. 나는 시험 기간 동안에는 주로 그간 봐온 기출 문제와 답을 정리해놓은 노트를 재검토하며 적당히 공부했다. 하루 만에 끝나는 시험이 아니라 이틀 이상 진행되는 시험의 경우 컨디션 조절은 더욱더 중요하기 때문이다.

그렇다면 '적당한 양'의 공부는 대체 어느 정도를 말하는 것일까. 개인적으로는 시험 보기 한 달 전까지는 하루에 여덟 시간에서 열두 시간 정도를 공부했고 시험 보기 한 달 전부터는 열두 시간 이상 공부할 때도 많았는데, 내가 생각하는 '가벼운' 혹은 '적당한 양'은 최소 세 시간에서 다섯 시간 정도라는 것을 짚고 넘어가고 싶다. 나는 성격상 공부를 내려놓으면 불안해서 오히려 잠이 오지 않았다. 그래서 공부를 아예 쉬는 날은 단 하루도 없었고 가볍게 공부할 때도 세 시간 정도는 집중하려고 노력했다. 그래야 그날 하루를 잘 마무리한 느낌이 들어 두 다리 뻗고 편히 잠을 청할 수 있었다.

그리고 시험 기간 동안에는 자체 모의고사를 푸는 일은 하지 않았다. 자체적으로 모의고사를 친다는 것의 의미는 내가 주어진 시간 안에 모든 문제를 풀 정도의 지식을 장착하고 있는지, 어느 정도의 시간이 지났을 때 집중력이 떨어지는지 등을 보기 위함인데 그런 팩트 체크는 본격 시험 기간 전에 이미 마쳤어야 한다.

마지막으로 기억해야 할 점은 만일 시험 첫날 또는 1교시 시험을 망치게 되더라도 절대 절망하지 않고 다음 날 또는 다음 시간에 있을 시험 준비를 더욱 철저히 해야 한다는 것이다. 앞에서도 살짝 소개한 일화인데, 나는 다른 건 몰라도 공부나 일만큼은 최선을 다해 완벽주의자처럼 준비하는 편이다. 그런데 막상 가장 중요한 변호사 시험 첫날 타이머를 잘못 맞추는 바람에, 남은 시간을 잘못 계산하여 시험을 보는 중간에 패닉 상태가 된 적이 있었다. 남은 에세이 문제는 작성하는 데 대략 한 시간 반 정도가 걸리는데, 타이머 조작 실수로 남은 시간이 30분이라고 착각한 것이다. '어떻게 이 에세이를 30분 안에 다 쓰지?'라고 생각하니 순간적으로 심장이 세차게 뛰고 숨을 쉴 수조차 없었다. 겨우 정신을 차려보니 나도 모르는 새 눈에서 눈물이 줄줄 흐르고 있었다. 지난 1년간의 고생이 물거품이 되어버릴지도 모르는 상황, 아무것도 하지 못하고 돌처럼 굳은 채 30분이나 되는 소중한 시간을 버리고 말았다. 어차피 망한 시험이니 쪽이나 덜 팔리게 그냥 집에 갈까 수십 번도 더 생각했다. 그러다가 겨우 마음을 다잡고 시험을 마무리 지었다.

결국 시험은 제대로 마쳤지만 마음은 그렇지 못했다. 남 탓을 할래야 할 수도 없는, 나 자신만을 비난해야 하는 이 상황이 황당하고 스스로가 바보처럼 느껴졌지만 펑펑 울고 나니 진정이 되었고 나는 다시 다음 날을 위한 공부를 시작했다. 이 악물고 주먹을 꼭 쥐고 여느 때처럼 기출 문제를 공부하고 노트 정리한 것을 암기했다.

첫날의 실수가 너무 치명적이라 둘째 날 아무리 잘해도 시험에 떨어질 수도 있다는 것을 알고 있었지만 실패할까 봐 겁이 나서 포기하는 사람만큼은 되고 싶지 않았다. 무엇보다 떨어질 때 떨어지더라도 나 자신에게 부끄럽지 않은 사람으로 남고 싶었다. 다행히 둘째 날 시험은 큰 실수 없이 잘 치를 수 있었고 결과적으로 나는 변호사 시험에 합격했다. 만일 첫날 시험을 망쳤다고 좌절해서 중간에 자리를 박차고 나왔다거나 아니면 다음 날 시험에 영향을 줄 만큼 괴로워했다면 지금의 나는 없을 것이다.

정리하자면 시험 기간 동안은 기출 문제 위주로 보며 적당하게 공부를 하면서 컨디션 조절을 해야 한다. 또한 시험을 부분적으로 망치더라도 너무 슬퍼하지 말고 남은 일정 동안 최선을 다하는 자세를 갖추면 좋겠다. 나처럼 첫날 시험을 망쳐도 다음 날 기사회생이 가능한 경우도 분명히 있으므로, 섣부르게 망했니 뭐니 하면서 미리 쓸데없는 에너지를 써가며 슬퍼할 필요는 없다.

그깟 시험 좀 망쳤다고
밥 굶지 마라

수험생의 마음을 가장 힘들게 하는 것은 시험을 망치면 어떡하나 하는 부정적인 자기 회의·자기 의심일 것이다.

이 책에서 누누이 강조하는 것은 그저 최선을 다해서 공부하라는 것이지, 그렇다고 해서 실패했을 때 무지막지한 좌절감을 느끼라는 말은 아니다. 사람은 누구나 실수하고 누구나 실패한다. 이 시험, 이 취업, 이 사업이 아니어도 실패하고 실수하는 일은 앞으로 수도 없이 많을 것이다. 실패할 때마다 매번 좌절하고 희망을 잃는다면 당신의 삶은 이루 말할 수 없이 각박해질 것이다. 물론 목숨 걸고 미친 듯이 공부해야만 좋은 결과가 오는 건 당연한 일이지만 그래도 실패했을 때 지하 100층까지 굴러떨어져서 절망과 낙오만 곱씹으면 안 된다.

인생은 길다. 생각보다 훨씬 더 길고 굳이 의미 부여를 하면서 오랜 시간 동안 힘들어해야 하는, 그럴 만한 가치가 있는 일은 드물다. 적어도 시험 하나 실패한 것 가지고 주저앉아 있을 필요는 절대 없다는 뜻이다.

물론 마음은 이해한다. 반년이든, 1년이든, 아니 대학 입학 시험이라면 어떻게 보면 평생을 준비한 시험이니 기대했던 것만큼 실력 발휘를 하지 못했을 경우 얼마나 힘들고 슬프며 화가 날지, 그리고 스스로에게 실망할 수밖에 없다는 사실을. 나도 실패를 겪을 때마다 그런 복합적이고 설명할 수 없는 감정을 느꼈으니까.

특히나 변호사 시험을 두 번째로 봐야 했을 때 당시 느꼈던 부담감은 지금도 상상하고 싶지 않다. 주변 사람들이 얼마나 비웃을까, 그들의 눈에 내가 얼마나 바보처럼 보일까 하고 생각하면 밤에 잠을 이룰 수 없었다.

로펌을 다니며 두 번째로 변호사 시험을 준비하는 동안, 나는 몇 개월이나 기죽은 채로 '쭈구리'처럼 일했다. 무시하는 것이 느껴지기도 했지만 나는 잡초 같은 사람이라 쉽게 주저앉는 행동만큼은 하고 싶지 않았다. 남들이 "그럴 줄 알았어. 쟤는 포기할 줄 알았어"라며 비웃는 것을 허락하고 싶지 않았다. 무엇보다 다 떠나서, 일단 최선을 다한 후 나 자신에게 진심 어린 칭찬을 받고 싶었다.

다시 일어나기 위해서 마음가짐부터 바꿔야 했다. 그래서 나는 이렇게 생각했다. '실패를 통해 내가 실패한 원인을 파악하고 다음에 같은 실수를 반복하지만 않으면 되는 것 아닐까?' 그깟 시험 하나, 그깟 취업 하나가 나란 사람을 정의 내릴 수는 없으니 말이다. 한 번의 실패에, 아니 그깟 실패쯤 몇 번 했다고 좌절감에 빠져 지낼 필요는 없는 것이다.

실제로 그렇다. 극한의 좌절감을 느꼈다는 사실 자체가 당신이 그 시험을 위해 꽤 많은 노력을 했다는 증거니 더 좌절할 필요가 없다. 오히려 그렇게 노력한 사람에게는 신랄한 비난이나 자책보다는 칭찬이 알맞다고 생각한다.

마음가짐을 바꾸고 난 후, 나는 공부할 때 늘 스스로를 칭찬했다. 나 자신을 과대평가하지는 않았지만 그렇다고 과소평가하지도 않았다.

'잘하고 있어.

계획한 대로 공부하고 있다는 것만으로도 장한 일이야.

지금 와서 포기하지 말자.

포기하더라도 일단 시험을 보고 난 뒤 포기하자.'

그리고 시험을 망쳤을 때도 스스로를 위로하고 칭찬했다.

'실망하지 말자. 최선을 다했으니 그걸로 만족하자.

마음을 추스리고 다시 도전하면 되는 거야.

그리고 만약 지금 이 도전을 멈추고 싶다면 멈춰도 돼.

지금까지 열심히 했으니까

그 누구도 내 실패로 나를 판단할 수 없고

설사 판단하더라도 신경 쓸 필요 없어.'

자신이 그토록 열망했던 일이 비록 실패로 돌아가도, 결국 실패는 끝이 아니라 시작이다. 다시 도전할 기회기도 하고 다른 도전을 위한 기회기도 하다. 그러니까 실패를 맛봤다면 딱 오늘 하루만큼은 슬퍼하되 내일은 다시 일어나자. 최선을 다했다면 무너지지 않아도 된다. 이미 충분히 수고했으니 말이다.

1등은
아침 9시부터 공부한다

　시험은 체력전이다. 중고등학생 때야 벼락치기 공부를 할 수 있다 쳐도 수능이나 변호사 시험을 포함한 크고 중요한 시험은 절대 며칠 이내로 해결할 수 없다.

　익혀야 할 양이 정말 방대하고 외워야 하는 분량도 어마어마 해서 하루나 이틀 만에 공부할 수 없는 시험들. 그런 시험을 앞두고 있다면 공부만큼이나 중요한 게 체력이다. 그래서 시험 전에 얼마나 체력 분배를 잘하고 컨디션을 잘 유지하느냐가 곧 합격의 열쇠라고 생각한다.

　특히나 준비 기간이 3개월 이상 걸리는 시험을 보는 데 운동도 공부만큼이나 중요한 이유가 여러 가지 있지만, 그중에서도 몇 가지만 이야기하고자 한다.

먼저 운동은 만성피로를 없애고 에너지의 양을 높이는 데 도움이 된다. 흔히들 활력이 필요할 때 에너지 드링크를 마시는데, 그런 것보다는 짧게 15분에서 20분 정도 조깅이나 푸시업, 또는 팔 벌려 높이뛰기 같은 운동을 하는 것이 건강에도 좋고 뇌에도 좋다. 에너지를 얻기 위해서 운동에 에너지를 쓴다는 개념이 어쩌면 역설적으로 보일 수도 있지만 실제로 운동은 신체에 활력을 불어넣어준다.

두 번째로 운동은 몸에 활력을 줄 뿐만 아니라 뇌에도 시동을 걸어준다. 몸을 움직이고 근육을 사용하면 기억력을 높이고 인지 능력을 향상시키는 데 영향을 미치는 단백질이 뇌에서 방출된다. 그래서 운동은 신체 건강뿐만 아니라 뇌 건강을 위해서도 꼭 필수인 하루의 일과가 돼야 한다.

마지막으로 정서적 안정감을 준다. 알다시피 운동은 스트레스를 줄이고 반대로 행복감을 느끼게 하는 엔도르핀Endorphin을 분비한다. 따라서 운동은 많은 에너지를 제공하고 뇌에 시동을 걸어주는 것에서 멈추지 않고 다가오는 시험에 대한 정신적 스트레스까지도 줄여준다.

물론 나는 개인적으로 운동을 아주 싫어해서 잦은 산책으로 이를 대신했다. 어차피 강아지도 두 마리 키우겠다, 강아지를 산책시킬 겸 자주 밖으로 나갔다. 나처럼 산책을 하든, 아니면 방에서 팔 벌려 높이뛰기를 하든 어쨌거나 운동은 매일 하는 것이 좋다. '그깟 푸시업 몇 개 한다고 그렇게 큰 도움이 되겠어?'와 같은 생각은 접어두고 본인이 할 수 있는 모든 것을 해보려는 태도가 중요하지 않을까.

그리고 운동 다음으로 중요한 컨디션 관리는 몸의 시계를 '시험 시간'에 맞춰 놓는 것에서부터 시작하자. 보통의 시험은 주로 아침 아홉 시쯤 시작한다. 그러니 적어도 시험 보기 한두 달 전부터는 시험 시간 두 시간 전에는 일어나서 화장실도 가고, 커피도 마시다가 아홉 시에 맞춰 공부를 시작하는 것이 좋다. 이렇게 공부하는 가장 중요한 이유는 아침 시간의 뇌를 깨우기 위해서다. 시험을 보게 될 그 시간에 뇌를 활성화시키는 연습을 평소에 많이 해두어야 한다.

나의 경우, 캘리포니아주의 변호사 시험은 이틀에 걸쳐 보았다. 첫날은 다섯 개의 에세이 작성과 테스트를 장장 여섯 시간 반 동안 보며, 다음 날은 객관식 문제를 여섯 시간 안에 풀어야 했다 (지금은 코로나 때문에 시험 스케줄이 바뀌었다). 물론 중간에 쉬는 시간이 있긴 하지만 한 번에 약 서너 시간 동안 집중해서 시험을 볼 수 있는 체력이 뒷받침되어야 한다.

이렇게 몇 시간 동안 치르는 시험에 대비하기 위해서 주중에는 에세이와 객관식 문제를 섞어서 공부해도 되고, 강의를 듣거나 노트 정리한 것을 암기하는 데 시간을 써도 되지만, 주말 중 하루만큼은 날을 정해놓고 실제 시험이 시작하는 시간에 맞춰 도서관이나 독서실처럼 시험장과 비슷한 곳에서 모의고사를 쳐보는 것이 좋다. 여섯 시간 반 동안 진행되는 시험이라면 중간의 쉬는 시간까지 정확하게 따라 하는 것을 추천한다.

모의고사가 끝나면 점수만 맞춰 볼 것이 아니라 스스로 컨디션까지 체크하는 것이 중요하다. 예를 들어 나는 어느 시점에 집중력이 흐트러지기 시작했는지 생각해보고 시험 당일에 그렇게 되지 않기 위해서 어떤 노력을 해야 할지 고민하곤 했다. 나 같은 경우에는 단 몇 초라도 눈을 감고 응원의 메시지를 되뇌는 것이 마음을 다잡는 데 도움이 됐다. 그래서 시험 당일에도 집중력이 떨어지는 것이 느껴질 때면 잠시 눈을 감고 '할 수 있다'를 마음속으로 열 번씩 새긴 후 다시 문제를 풀기 시작했다. 직장 동료 중에는 숨쉬기운동을 통해 집중력을 향상시켰다는 사람도 있었다. 흔히들 알고 있는 코로 숨을 4초 정도 들이마시고 다시 8초에 걸쳐

서동주의 합격 공부법

입으로 숨을 내쉬는 식의 단순한 숨쉬기운동 말이다.

한 가지 더하자면, 뇌는 탄수화물을 에너지로 쓴다는 사실과 커피, 즉 카페인의 중요성도 잊으면 안 된다. 대학을 다닐 때 교수님들이 누누이 말씀하시길 시험 전에 밥 굶고 오는 아이들처럼 바보 같은 놈은 없다고 하셨다. 적당한 양의 탄수화물과 평소보다 다소 많은 양의 카페인 섭취는 뇌를 활성화시키는 데 도움이 된다고 강조하면서 시험 날 적어도 토스트 한 장에 커피 두 잔쯤은 섭취하고 오는 것을 추천했다.

일단 탄수화물은 체내에 들어오면 소화가 되면서 우리가 흔히 포도당이라고 부르는 작은 당 분자로 분해되는데, 바로 그 포도당이 뇌가 에너지로 쓰는 자원이다. 그리고 《월스트리트저널Wall Street Journal》에 의하면 일어나자마자 커피 한 잔을 마시고 네 시간 후 한 번 더 커피 한 잔을 마시는 것이 정신적·지적 예민함을 향상시킬 수 있다고 한다.[7] 그 말인즉슨, 만약 시험이 낮 열두 시에 시작된다면 아침 일곱 시 반에 커피 한 잔, 그리고 열한 시 반에 한 잔 더 마셨을 때 컨디션을 최고조로 유지한 채 시험을 볼 수 있다는 뜻이다.

이렇듯 체력을 키우고 컨디션 유지를 잘해서 최상의 상태에서 시험을 칠 수 있도록 노력하는 것은 공부를 열심히 하는 것만

큼이나 중요하다. 그러니 오늘부터라도 운동과 컨디션 조절을 시
작해보도록 하자.

남의 답안지가
궁금한 이유

고백하자면 초등학교 때 커닝을 한 적이 있다.

당시 예술중학교를 가기 위해 열심히 공부하던 중이었는데, 성적이 좋아야 한다는 압박감 때문에 모르는 문제가 나오자 옆 친구의 답안지를 슬쩍 본 것이다. 결과는 '후회'였다. 내가 원래 고른 답이 정답이었고 친구의 답이 틀린 것이었다. 후회했지만 남의 답을 베꼈다고 고백할 수가 없어서 그냥 넘어갔다.

얼마 후 이런 일도 있었다. 커닝은 아니었지만 시험 점수가 생각보다 높지 않아서 선생님 몰래 점수를 살짝 고친 것이다. 하지만 점수를 기억하고 있었던 선생님이 다른 마흔아홉 명의 학생이다 있는 교실에서 "동주, 너 혹시 점수 고쳤니?"라고 물어보셨다. 너무 창피하고 속상했다. 자리에서 벌떡 일어나 대답했다. "네, 죄송해요. 제가 고쳤어요."

선생님은 92점도 높은 점수인데 왜 95점으로 고쳤냐고 되물었다. 나는 모르겠다고 대답했고 선생님은 한숨을 쉬더니 다시 자리에 앉으라고 했다. 부끄러움에 울고 싶었지만 꾹 참고 그대로 얌전히 자리에 앉아 곰곰이 생각했다.

도대체 왜 그런 짓을 한 것일까. 어린 나이지만 점수에 대한 압박 때문이었다. 1등이 아니면 의미 없다는 부모님의 압박, 그리고 예술중학교에 입학하려면 점수 관리를 하지 않으면 안 된다는 압박. 그렇게 한참 어린 나이부터 점수, 진학 문제 등에 시달렸고 그 결과 커닝이라는 엄청난 짓을 하게 된 것이다.

그나마 다행으로, 이 두 가지 일을 연달아 겪으며 큰 깨달음을 얻었다. 어떤 압박 속에서도 열심히 공부한 나 자신을 믿어야 한다는 것. 그리고 남들 앞에 떳떳할 수 없다면 높은 점수도 무의미하다는 것.

압박과 스트레스 속에서 커닝의 유혹을 물리치기 위해서 내가 할 수 있는 일은 더 열심히 공부하는 것밖에 없었다. 그래서 나는 미친 듯이 공부했다. 공부하는 시간으로 하루를 가득 채우고 그 외에 어떤 것도 생각하지 않았다. 어려운 과목을 공부한 뒤에는 셀프 칭찬을 하고 쉬운 과목을 공부하는 것까지 허락해주었다. 밥 먹을 때도, 샤워를 할 때도, 등하교를 할 때도 나는 늘 공부에 대해 생각했다. 학습한 내용을 머릿속으로 되풀이하며 제대로 외운 게 맞는지, 자다 일어나도 토씨 하나 안 틀리고 말할 수 있는지 확인했다.

공부는 '적당히'라는 단어가 어울리지 않는다. 적당히 했다면 그건 '덜했다'는 뜻이다. 공부를 많이 할 때 나도 모르게 드는 생각이 바로 '나 이러다 죽는 게 아닐까?' 또는 '더 공부하다가는 머리가 터질 것 같아'이다. 개인적으로 나는 정말 죽을 것 같고 가만히 있어도 눈물이 줄줄 흐르는 날들이 이어져야 공부를 많이 했구나 하고 스스로 인정해준다. 그렇게 공부하면 시험이 다가왔을 때 남들이 나만큼 공부하지 않았고, 아는 게 적다는 확신이 들면서 어설프게 타인의 답안지를 베낄 수가 없어진다.

그리고 시험 기간은 오롯이 자신이 공부한 것, 자신이 아는 것을 테스트하는 시간이다. 그 순간만큼은 진실되어야 한다. 이제 미친 듯이 공부한 후 시험을 치는 자신의 모습을 그려보자. 나는 그런 내 모습을 볼 때마다 스스로가 자랑스럽다. 이 책을 읽으며 시험을 준비하는 당신도 자기 자신을 자랑스러워했으면 좋겠다.

3장 |후반전| 끝날 때까지 끝난 것이 아니다

커닝으로 결과를 바꾸기보다는 노력으로 무엇이든 바꿀 수 있다
는 자신감과 용기를 가지기를 바란다.

내가 아니라
뇌가 원하는 음식을 먹어라

공부할 때 몸에 좋은 음식을 잘 챙겨 먹는 것은 중요하다. 그러나 뇌에 좋은 음식을 잘 챙겨 먹는 것은 더 중요하다. 공부의 효과를 높여주기 때문이다.

뉴욕대학교New York University 정신과 겸임교수이자 웨일코넬의과대학Weill Cornell Medical College의 부국장이기도 한 리사 모스코니Lisa Mosconi 박사에 따르면 뇌에 좋은 음식을 잘 챙겨 먹는 것이 곧 우리가 가장 신경 써야 할 부분이라고 한다. 먹는 음식의 일부는 뇌의 구조가 되므로 결국 먹고 마신 것이 인간의 '인지 능력'과 '기억력'에 직접적인 영향을 미친다는 것이다.[8]

또한 두뇌가 최상의 기능을 하기 위해서는 뇌가 형성되는 나이인 45세까지 적절한 영양소가 필요하다고 한다. 우리의 뇌는 효율적인 편이라 자신에게 필요한 영양소는 웬만하면 자체적으로 생성하고 정 필요한 부분만 음식에서 '수용'한다. 그러니까 뇌가 '수용'하는 부분에 최적화된 영양소를 섭취함으로써 두뇌 인지 능력과 기억력을 높일 수 있는 것이다.

호두, 아몬드 등 담백한 맛의 견과류가 뇌에 좋은 음식이라는 것은 잘 알려진 사실이다. 그렇지만 견과류 외에도 두뇌 활성화에 도움이 되는 여러 식재료가 있다. 나는 평소 몸매 관리도 중요하지만 결국 '뇌 관리'가 가장 중요하다고 생각한다. 빠릿빠릿하게 돌아가는 머리를 만들기 위해 실제로도 뇌에 도움이 되는 음식을 챙겨 먹는 편이다.

지방이 많은 생선

생선도 아무거나 그냥 먹기보다는 차가운 물에 사는 지방이 많은 생선, 예를 들어 연어, 등 푸른 생선인 고등어 또는 멸치 같은 생선을 섭취하는 것을 추천한다. 영양소 오메가-3의 섭취를 위해서다. 지방이 많은 생선을 먹어야 하는 이유는 뇌가 60퍼센트의 지방으로 이루어져 있기 때문이다.

진한 초록색의 채소

최근 유행했던 케일이나 시금치와 같은 짙은 초록빛의 채소에는 신경계에 필요한 비타민, 미네랄, 섬유질 등의 필수 영양소가 가득하다. 특히 비타민 E가 많이 들어 있는데, 이는 미토콘드리아Mitochondria(세포 소기관의 하나)의 기능과 전반적인 신경 기능 향상에 도움이 되는 것으로 알려져 있다.

엑스트라 버진 올리브유와 아마씨유

엑스트라 버진 올리브유와 아마씨유에는 뇌가 가장 좋아하는 오메가-3나 비타민 E 같은 성분들이 가득하다. 이 성분은 노화 방지에도 도움이 되고 심장 건강도 지켜주니 일석이조의 효과를 볼 수 있다.

카카오

우리가 좋아하는 달콤한 초콜릿에도 뇌에 도움이 되는 영양분이 존재한다. 단, 카카오 함유량이 80퍼센트 이상이어야 한다. 카카오가 80퍼센트 이상 들어간 초콜릿에는 테오브로민Theobromine이 가득한데, 이는 세포의 노화는 물론이고 심장병까지 막아주는 효능을 가진 아주 훌륭한 항산화제다.

복합 탄수화물

최근 들어서 키토 다이어트다 뭐다 해서 탄수화물을 줄이는 식습관이 유행하고 있지만, 실제 탄수화물은 뇌에 도움이 되는 영양소를 갖고 있다. 뇌는 탄수화물에서 나오는 글루코스Glucose를 에너지원으로 쓴다는 사실을 명심하자. 수험생이라면 탄수화물을 적절히 챙겨 먹는 편이 좋고, 특히 머리를 써야 하는 시험날 아침에는 아무리 바빠도 빵 한쪽이라도 먹길 권한다. 참고로 흰 밀가루가 아닌, 통밀인 홀그레인Wholegrain으로 만들어진 빵의 영양분은 뇌의 에너지로 사용될 뿐만 아니라 혈당 수치에도 큰 영향을 주지 않는다.

베리

잘 알다시피 블루베리나 아사이베리 같은 열매에는 노화 방지 기능을 하는 항산화제가 가득 들어 있다. 베리는 섬유질이나 포도당의 원천이면서 혈당 지수 자체는 낮기 때문에 몸에 좋을 수밖에 없다.

물

기억력 강화에 가장 큰 도움이 되는 음식 중 하나가 물이다. 뇌

서동주의 합격 공부법

를 건강하게 유지하기 위해서는 체내 수분을 유지하는 것만큼 중요한 일이 없다. 물은 뇌세포 사이의 공간을 채우고 단백질을 형성하는 것 외에도 영양소 흡수와 독소 제거 역할까지 한다. 게다가 평소 수분 섭취량이 약 2~4퍼센트만 감소해도 뇌의 균형이 깨져서 신체 반응이 지연되거나 두통 또는 갑작스러운 기분 변화가 생긴다고 하니 평소 물을 열심히 마시자. 뇌의 필수 구성 요소인 물, 아예 하루의 시작과 끝을 물 한 잔과 함께 하면 좋겠다.

프로는 면접관의
이름부터 구글링한다

    아무리 여러 번 경험해봐도 변함없이 떨리고 어려운 것이 바로 면접인 것 같다.

    하지만 살다 보면 원하든 원하지 않든 수많은 면접을 보게 되는데 그때마다 긴장을 하는 바람에 제대로 자기 PR을 하지 못한다면 그만큼 억울한 일도 없을 것이다.

    나도 예전엔 면접이 잡히면 며칠 전부터 신경이 곤두선 채로 스트레스를 받기도 했다. 그러나 경험이 쌓일 만큼 쌓이고 나이도 먹다 보니, 이를 대하는 시선이 180도로 자연스레 바뀜으로써 지금은 적당한 긴장감은 느끼되 면접을 망칠 정도의 스트레스는 받지 않게 되었다.

한국과 좀 다를 수도 있지만 미국에서는 보통 서류 전형을 거친 후, 짧은 전화 인터뷰에 통과해야지만 면접이 가능하다. 당시 내가 다니고 있던 로스쿨의 랭킹이 매우 낮기도 했고 성적도 좋지 않아서, 인턴 자리 또는 직장을 구할 때 서류 전형을 통과하지 못해서 겨우 몇몇 곳과 전화 인터뷰를 할 수 있었다. 그 뒤에 손으로 꼽을 수 있을 정도의 회사에서 면접 요청이 왔고, 나는 그 면접들을 어떻게든 잘 봐야 한다는 강박에 마음이 초조해졌다.

면접을 보다 보면 미리 예상한 질문도 받게 되고 반대로 예상치 못한 질문도 받게 되는데, 질문의 종류에 상관없이 중요한 것이 자기 자신에 대한 '정확한 인지'다. 본인 자신부터 어떤 사람인지 알아야 지원한 회사가 앞으로 몇 년간 둥지를 틀기에 적합한 곳인지 아닌지를 알 수 있다. 그렇기 때문에 원서를 내기 전에 일단 본인의 커리어와 목표, 인생관과 가치관 등을 신중하게 생각해보는 편이 좋겠다.

하지만 무엇보다 가장 중요한 것은 지원하는 회사에 자신이 어떤 식으로 도움을 줄 수 있는지에 대한 고민을 하는 것이다. 그동안 갈고닦아 온 스킬을 가지고 회사에 입사했을 때 어떤 방식으로 기여할 수 있을지에 대한 고민 말이다.

이제 학교를 갓 졸업한 사회초년생이 '내가 회사에 어떤 도움을 줄 수 있을까?'라고 생각하는 것 자체가 분수를 모르는 행동이라고 지적하는 사람이 있을지도 모른다. 하지만 어떤 기회가 오든 간에 항상 '주인 의식'을 가지고 있어야 한다. 그렇지 않으면 영원히 기회를 잡지 못한 채 시간을 낭비하게 될 확률이 높다.

예를 들어 로스쿨 시절부터 최근까지 다녔던 로펌 퍼킨스 코이의 면접을 볼 때의 일이다. 면접 일정이 잡히고 나는 회사의 웹사이트를 첫 페이지부터 마지막 페이지까지 꼼꼼히 읽고, 나의 특기나 경험과 관련된 부분은 노트에 따로 정리해두었다. 로펌의 역사도 자세히 공부하고 최대한 외우려고 노력했다.

그다음에는 내가 들어가고 싶은 분야에 속한 파트너 변호사들의 얼굴과 이름도 살펴보았다. 그들의 학력과 이력을 훑어보고 혹시 나와 접점은 없는지도 체크했다. 미국에서는 흔히 자신의 취미 활동을 자기소개서에 적어놓는데, 나와 비슷한 취미를 가진 변호사는 없는지까지도 확인했다. 면접을 볼 때는 이런 식의 약간의 '뒷조사'도 필요하다. 한 번의 훑기 작업이 끝난 후에는 '나'라는 사람이 이 로펌에 들어가서 회사의 발전을 위해 어떠한 일들을 할 수 있을까에 대해 심사숙고했다.

또한 내가 지원한 분야인 지적재산 파트는 백인 남성이 대부분이었다. 그래서 기죽기보다는, 동양인이면서 여자인 내가 색다른 시각으로 문제를 볼 수 있을 것이라는 자신감이 들었다. 또한 한국어와 일본어, 중국어가 가능하니 동양인 클라이언트와 친밀한 관계를 유지하는 데 도움을 줄 수 있을 것 같았다. 그 외에도 미술 전공으로 얻은 창의적 사고와 수학을 공부하며 터득한 논리적 사고가 법 관련 업무를 보는 데도 유용할 것이라고 판단했다. 만약 당신도 면접을 준비 중이라면 위와 같이 자신만의 고유한 능력과 회사의 업무를 연결시켜서 생각해야 한다.

사실 이러한 생각이 결과의 당락을 좌우할 만한 결정적 요소는 아닐지도 모른다. 그래도 어쨌거나 내가 회사의 입장이라면 어떠한 직원을 뽑고 싶을지, 혹은 어떤 관점으로 운영할 것 같은지 등의 생각을 하는 과정은 면접을 준비할 때 실질적인 해답을 제시해준다.

마지막으로 면접은 상호간의 커뮤니케이션이라는 것을 잊지 말아야 한다. 면접관은 상투적이고 기계적인 답변을 바라는 것이 아니라, 내가 어떤 사람인지 알고 싶어한다는 것을 명심하고 최대한 본인이 갖고 있는 특별한 점, 그리고 그 점이 회사에 어떻게 도움이 될 수 있을지를 적극적으로 어필하는 것이 좋다.

또한 면접관이 나를 평가하듯 나 또한 면접관과 회사를 면접

본다는 사실을 잊지 않도록 하자. 한 번 직장에 다니게 되면 적어도 1, 2년이라는 시간 동안 하루종일 얼굴을 맞대고 일하게 될 텐데 그들과 정말 계속 함께 지내고 싶은지도 깊게 생각해보라는 뜻이다. 나도 상대방을 면접 보고 있다는 사실을 깨닫고 나면 면접관이 하는 질문과 이야기에 집중하지 않을 수 없고, 묻고 싶은 점도 자연스럽게 많이 생겨날 것이다.

면접은 또 하나의 시험 같은 고비가 틀림없지만 그렇기 때문에 철저히 공부하고 준비할수록 좋은 결과가 나오기도 한다. 딱히 가고 싶지는 않지만 혹시 몰라서 원서를 접수한 회사의 면접이라 할지라도 경험을 쌓는다고 생각하고 최선을 다해 준비한다면 그 역시 도움이 될 것이다. 진심으로 바라는 회사의 면접을 보게 될 때를 위한, 좀 더 좋은 결과를 위한 밑거름이 되지 않을까.

시간을
지배하는 자

요즘엔 'N잡러', 즉 '여러 개의 직업을 가진 사람'이라는 말이 흔해졌다.

100세 시대가 열리면서 평생 직장, 평생 직업의 시대는 사라져가고, 다양한 분야의 직업을 통해 자신의 능력치를 최대한 발휘하는 것이 가능한 시대가 도래했다.

예전에는 능력이 없는 사람이나 이 직장, 저 직장으로 옮겨 다닌다는 생각이 주를 이루었다면 요즘엔 능력 없는 사람'만' 한 직장에서 평생을 보낸다는 말이 생길 정도다.

실제로 미국에서 프로그래머로 일하는 엔지니어는 적어도 2, 3년에 한 번은 회사를 옮기는데, 그렇게 하면서 자신의 직책과

연봉을 업그레이드 하는 전략을 쓰는 것이다. 한 회사에 오랜 기간 머물러 있으면 승진도 더디고 연봉을 높이기도 어렵다는 건 누구나 느끼는 사실이니 말이다.

나와 같이 대형 로펌에서 커리어를 시작한 사람들의 대부분은 입사하고 1, 2년 정도 후에는 다른 로펌으로 직장을 옮기거나 아예 사내 변호사로 진로 변경을 한다. 물론 대형 로펌의 특성상 워라밸 문제도 있지만 승진과 연봉 문제 때문에라도 진로 변경은 반드시 필요한 셈이다.

특별히 직장을 옮기지 않는다 해도, 퇴근 후 창업이나 제2, 3의 일을 위해서 위해 새벽까지 일하고 공부하는 사람들을 주변에서 흔히 볼 수 있다. 낮에는 쿠팡맨으로 뛰다가 저녁엔 가수로 공연을 하는 연예인도 있고, 낮에는 회사원이지만 밤에는 웹툰을 그리는 작가도 있다. 나도 비슷하다.

그런 나에게 최근 들어 사람들이 가장 많이 하는 질문이 있다.

"도대체 서동주 씨는 직업이 뭔가요?"

질문의 취지는 한국에서 방송을 하는 모습을 보아하니 변호사 일을 관둔 게 아니냐는 의미일 것이다. 하지만 나는 변호사 일을 관둔다고 한 적도 없고 관둔 적도 없다. 일단 변호사라는 직업 자체가 면허를 딴 것이라 관둔다고 관둘 수 있는 일도 아니다. 한번 의사는 영원한 의사인 것처럼 말이다. 저런 질문을 던지는 사람의 대부분은 한 사람이 여러 직업을 갖는 것에 대한 무한한 의심이 있는 듯하다.

'어떻게 변호사 일을 하면서 방송도 하고, 책도 내고, 유튜브도 할 수가 있지?', '변호사 일이 얼마나 힘든데, 분명 직장에서 잘려서 유튜버로 전향을 했겠지?' 등 아마도 이런 질문들이 그들의 머릿속에 가득 채워진 듯하다. 미안하지만 그들이 틀렸다.

'유한한 시간을 쪼개어 쓰면 무한해진다'라는 간단한 원리를 그들은 모른다. 아무리 시간이 부족해도 사랑하는 사람과 데이트할 시간은 있는 것처럼, 나는 아무리 바빠도 시간을 조각조각 쪼개 쓰면 변호사 일, 작가 일, 방송 일, 유튜버 일 등도 모두 가능하다는 것을 깨달았다.

그렇다면 어떻게 시간을 분배해 쓰는지 궁금할 것이다. 나는 크게 두 가지 방법을 통해 시간을 사용한다. 첫 번째 방식은 하루를 크게 몇 개로 토막을 내어, 각각의 토막을 다른 일을 하는 데 온전히 바치는 것이다.

1. 하루를 토막 내어 쓰기

– 1토막 : 오전 9시~12시 → 로펌 업무

– 2토막 : 오후 1시~5시 → 회사 업무

– 3토막 : 오후 6시~10시 → 방송 및 유튜브 관련 업무

– 4토막 : 오후 11~12시 → 책 쓰기

요즘 나는 이런 식으로 크게 네 가지 토막으로 하루를 나눈다. 1토막 시간에는 현재 다니는 로펌 관련 업무를 보고, 2토막 때는 에이전트로 속해 있는 작은 회사의 일을 한다. 주로 미국에 있는 회사가 한국으로 진출하는 것을 돕는 일이다. 3토막 시간에는 유튜브나 방송 관련 소통 및 정리를 하고, 마지막으로 밤 시간에 책 작업을 위한 글을 쓴다.

두 번째 방식은 요일별로 나눠서 매일 다른 일을 하는 것이다.

2. 요일별로 나눠서 쓰기

- 월요일 : 로펌 업무

- 화요일 : 회사 업무

- 수요일 : 로펌 업무

- 목요일 : 방송 업무

- 금요일 : 유튜브 업무

- 토요일 : 책 작업

- 일요일 : 상황에 따라 부족한 업무 채워 넣기

이런 식으로 각 요일마다 다른 업무를 배당하면 일주일을 빈틈없이 알차게 보낼 수 있다.

"쉬지 않고 일만 하는 당신에게 워라밸은 도대체 어떤 의미인가요?" 하고 묻는 이들도 있을 것이다. 나는 예전에 풀타임으로 로펌에 소속되어 일을 했을 때도 주말에는 작가가 되어 원고를 썼다. 하지만 그때도, 지금도 나는 나의 스케줄이 워라밸을 해친다고 생각하지 않는다. 오히려 주말에 열정을 갖고 일을 한다는 사실을 통해 워라밸이 잘 맞다고 느낀다.

내가 생각하는 워라밸은 퇴근 후 쇼핑할 시간이 있다거나, 침대에 누워서 빈둥거릴 수 있는 시간을 가진 삶을 의미하지 않는다. 반대로 퇴근 후 본인이 정말 이루고 싶은 꿈을 위해 많은 노력을 쏟아부을 수 있는 시간이 있느냐 없느냐의 문제라고 생각한다. 그런 의미에서 봤을 때 오늘날의 N잡러야말로 워라밸을 제대로 이해하고 있는 사람이 아닌가 싶다.

감정만 따르면
소득이 없다

공부는 혼자와의 싸움이기 때문에 외로울 수밖에 없다.

공부를 할 때는 그 누구도 나를 도와주지 못한다. 마치 아무도 없는 무인도에 혼자 남아서 어떻게든 살아남아야 하는 미션을 수행하는 일과 비슷한 셈이다. 주위에 놓인 다양한 도구를 통해 적당한 도움은 받을 수 있지만, 결국 도구를 적시 적소에 써야 하는 사람도, 쓸 만한 것이 없다면 새로운 도구를 만들어내야 하는 사람도 오직 나 하나뿐이다.

그냥 공부하는 것도 힘든데, 심지어 타국에서 혼자서 공부해야 했던 나는 외로움이라는 감정을 굉장히 많이 느끼면서 자랐다. 처음 미국에 도착한 날부터 외로움과의 싸움이 시작됐다. 뉴욕

공항에서 가방을 통째로 소매치기 당하는 바람에 여권을 포함한 모든 귀중품을 다 잃어버리고 만 것이다.

모든 것을 잃고 나니 바닥부터 다시 시작하는 기분이 아니라, 무려 '지하'에서부터 새로 시작하는 느낌이 들었다. '아, 내가 미국이라는 나라에 진정 혼자 와 있구나'라는 생각이 덮쳐왔고 급격히 외로워졌다. 그 일이 아마 내 미국 생활의 전초전이었을지도 모른다. 언어의 장벽이 너무나 컸기에 (비슷한 상황에 놓인 유학생들을 제외하고) 친구 한 명 사귀는 일조차 쉽지 않았다.

친구는 둘째치고 기본 소통부터 안 되니 수업도 따라가기가 힘들었다. 아니, 수업은 셋째치고 평범한 생활조차 도통 할 수가 없었다.

'아침 식사는 몇 시 부터인 거야? 나는 어떤 아침 청소 담당이지?

한국으로 전화는 어떻게 거는 것이며 티비는 언제 볼 수 있는 건지.

인터넷은 어떻게 연결하는 걸까.

빨래는 어디서 하면 되는 것이며 소등은 몇 시에 할까.'

수업을 들을 때도 아무것도 몰라서 선생님께 툭하면 지적을 받기 일쑤였다. 따뜻한 말 한마디 대신 지적만 받다 보니 외로움이 갈수록 더 커졌다. 그러나 외로우니까 배우는 수밖에 없었다.

고독감을 없애려면 하루 빨리 생활에 적응해야 했고, 수업을 따라가야 했으며, 친구를 사귀어야 했다. 그러기 위해서는 먼저 공부를 열심히 해서 기본 언어인 영어부터 습득해야만 했다. 외롭고 막막한 감정을 공부를 향한 열정으로 승화시켰다. 누가 쫓아오기라도 하듯 매일 열심히 공부하다 보니 점점 생활에 적응해갔고, 미국 학교 내에서도 한국에서 받았던 것과 비슷한 인정을 받게 됐다.

"DJ is a hard-working kid디제이는 열심히 하는 애야."

(미국사람들은 '동주'를 발음하기 어려워서 아예 이름을 줄여서 DJ 라고 불렀다)

열심히 하는 아이라고 알려지기 시작하자 선생님이나 다른 친구들도 나를 존중해주고 응원해주는 것이 느껴졌다. 만일 내가 타지에 와서 외롭다는 이유로 쓸데없이 방황하고 반항하기만 했다면 나는 더욱 외로워졌을 것이다. 외로웠음에도 불구하고 공부를 열심히 하여 학생으로서의 본분을 다했기에 상황을 이겨낼 수 있었다.

그러므로 나처럼 타지 생활이 아니어도, 현재 외롭고 막막하다는 이유로 공부를 해야 할 시기에 필요한 공부를 하지 않으면 안 된다. 내가 할 수 있는 최선을 다해서 학교 생활 혹은 수험생 생활을 해내는 것이 중요하다.

사실 나는 요즘도 외롭다고 느끼는 경우가 많다. 미국에서 살다가 고향으로 돌아왔지만, 워낙 오랜 시간 동안 타지에서 지냈기 때문에 오히려 내가 태어난 곳인 서울이 낯설게만 느껴질 때가 있다. 문화, 사람, 언어도 모두 다른 서울이라는 이 도시에서 변호사, 작가, 방송인으로서 살아가는 것은 녹록지 않다. 한국말은 할 줄 알지만 깊은 교류를 나누고 소통을 하기엔 아직 부족하다고 느낀다.

하지만 그렇다고 해서 어둡고 차가운 감정 속에 스스로를 가두진 않을 것이다. 철저히 외로워만 한다고 해서 내가 얻는 것이 무엇인지를 이성적으로 따져볼 필요가 있다.

사람이라면 누구나 자기만의 감정 속에 푹 빠지게 될 때가 있다. 우리는 모두 약한 인간이니 당연히 본인만의 감상과 감정에 젖어서 잠시 정도야 허우적댈 수는 있지만, 냉정하게 보면 감정으로부터 빠른 시일 내에 벗어나는 것이 길게 봤을 때 득일 때가 있다.

그래서 나는 외로울 때마다 조금 더 이성적으로, 제3자의 입장에서 문제를 바라보려고 한다. 오히려 외롭고 막막하다고 느껴질수록 나에게 주어진 일 하나하나를 소중히 생각하며 최선을 다해한 걸음씩 나아가려고 노력한다. 이렇게 긍정적인 마음으로 감행한 선택들이 하나둘씩 모여 나의 10년, 50년 후를 긍정적인 결과물로 만들어줄 것이라고 믿는다.

서동주의 합격 공부법

미주

1 ETS TOEFL iBT® Reading Practice Sets

2 Srini Pillay, 「The Ways Your Brain Manages Overload, and How to Improve Them」, Harvard Buisness Review, 2017.

3 Dalmeet Singh Chawla, 「To Remember, the Brain Must Actively Forget」, Quanta Magazine, 2018.

4 Yunlong Liu, Shuwen Du, "Hippocampal Activation of Racl Regulates the Forgetting of Object Recognition Memory", Current Biology, 2016.

5 Perry, William G., "Students' uses and misuses of reading skills: A report to the faculty", Harvard Educational Review, 1959, 193-200.

6 「Active Reading Strategies: Remember and Analyze What You Read」, The McGraw Center for Teaching and Learning, 2017.

7 Jo Craven McGinty, 「What's Your Ideal Caffeine Fix? An Algorithm Can Tell You」, The Wall Street Journal, 2018.

8 리사 모스코니, 『브레인 푸드BRAIN FOOD』, 홍익출판사, 2019.

영어 한마디 못하던 열세 살 소녀는
어떻게 미국 변호사가 되었을까

서동주의 합격 공부법

초판 1쇄 발행 2021년 4월 20일
초판 2쇄 발행 2021년 6월 9일

지은이 서동주
펴낸이 김선준

기획편집 배윤주
편집2팀장 임나리
디자인 김세민
마케팅 조아란, 신동빈, 이은정, 유채원, 유준상
경영지원 송현주

펴낸곳 ㈜콘텐츠그룹 포레스트 **출판등록** 2021년 4월 16일 제2021-000079호
주소 서울시 영등포구 국제금융로2길 37 에스트레뉴 1304호
전화 02) 332-5855 **팩스** 02) 332-5856
홈페이지 www.forestbooks.co.kr **이메일** forest@forestbooks.co.kr
종이 ㈜월드페이퍼 **출력·인쇄·후가공·제본** ㈜현문

ISBN 979-11-91347-13-5 (03190)

㈜콘텐츠그룹 포레스트는 독자 여러분의 책에 관한 아이디어와 원고 투고를 기다리고 있습니다. 책 출간을
원하시는 분은 이메일 writer@forestbooks.co.kr로 간단한 개요와 취지, 연락처 등을 보내주세요. '독자
의 꿈이 이뤄지는 숲, 포레스트'에서 작가의 꿈을 이루세요.